融合之路

拓跋鲜卑迁徙与发展历程

内蒙古博物院 编

内蒙古人民出版社

图书在版编目（CIP）数据

融合之路：拓跋鲜卑迁徙与发展历程 / 内蒙古博物院编；王世英主编 . -- 呼和浩特：内蒙古人民出版社，2023.9

ISBN 978-7-204-17719-6

Ⅰ.①融… Ⅱ.①内…②王… Ⅲ.①拓跋鲜卑-民族历史-研究-中国 Ⅳ.①K289

中国国家版本馆 CIP 数据核字 (2023) 第 181902 号

融合之路：拓跋鲜卑迁徙与发展历程

编　　者	内蒙古博物院
责任编辑	郭婧赟
封面设计	吉　雅
出版发行	内蒙古人民出版社
地　　址	呼和浩特市新城区中山东路 8 号波士名人国际 B 座 5 楼
网　　址	http://www.impph.cn
印　　刷	内蒙古恩科赛美好印刷有限公司
开　　本	889mm×1194mm　1/16
印　　张	15.75
字　　数	260 千
版　　次	2023 年 9 月第 1 版
印　　次	2023 年 9 月第 1 次印刷
书　　号	ISBN 978-7-204-17719-6
定　　价	220.00 元

如发现印装质量问题，请与我社联系。
联系电话：（0471）3946120

《融合之路 —— 拓跋鲜卑迁徙与发展历程》编委会

主　　任　王世英
副 主 任　段晓莉　李文初　殷焕良
委　　员　张文平　张红星　郑承燕
　　　　　　岳够明　陈海玲　孟祥昆
　　　　　　静永波　张　涛　张　静
　　　　　　张海斌　石　磊　霍治国

主　　编　王世英
执行主编　张文平
副 主 编　张　彤　杨国华　杜汉超
　　　　　　陶贝卿　程　阔　刘艳妮

图录编辑团队

文字撰稿　张文平　潘　玲　倪润安
　　　　　　钱国祥
文字编辑　张　彤　陶贝卿
词条撰写　云彩凤　张　彤　杜汉超
　　　　　　陶贝卿　薛琴琴　元　芳
　　　　　　李雅菲　霍宁波　夏鹏飞
　　　　　　赵　菲　王欣媛　包乌兰
　　　　　　于光辉　艾节姆　塔　娜
　　　　　　董雪琼　孟甜甜　张敏超
　　　　　　申　琳　王　萌　赵　静
文物摄影　孔　群　王辉辉　李　航

展览策划团队

总 策 划　王世英　段晓莉　李文初
　　　　　　殷焕良
展览统筹　白　月　黄　超　陈海玲
项目负责人　杨国华
内容设计　张　彤　陶贝卿
形式设计　程　阔　纪　烁　刘艳妮
蒙古文翻译　庆巴图
陈列布展　田从政　白　雷　松　戈
　　　　　　魏　琦　冯晓云

文物保障　郑承燕　沈莎莎　云彩凤
　　　　　　丁　勇　张慧媛　徐　峥
安全保卫　赵晓峰　席　鹏
宣传教育　乌兰托娅　石　瑛　蒋丽楠
　　　　　　贲　刘　布和朝鲁　刘弘轩
　　　　　　董晨阳
财务保障　皇甫臣　魏　琦

参展单位

内蒙古博物院
大同市博物馆
洛阳博物馆
内蒙古自治区文物考古研究院
呼伦贝尔博物院
通辽市博物馆
锡林郭勒博物馆
二连浩特市文化馆
乌兰察布市博物馆
呼和浩特博物院
包头博物馆
和林格尔县盛乐博物馆
和林格尔县文物保护与考古研究中心
托克托县博物馆

内蒙古博物院

序一

在草原最美好的季节里，适逢第二十届中国·内蒙古草原文化节开幕，内蒙古博物院与大同市博物馆、洛阳博物馆、内蒙古自治区文物考古研究院等多家单位联合举办"融合之路——拓跋鲜卑迁徙与发展历程"展览，为内蒙古自治区以及来自四面八方的观众奉上了一场倾心打造的文化盛宴。

拓跋鲜卑是中国古代北方民族——鲜卑中的一支，属东胡族系。约公元前1世纪，拓跋鲜卑先民从茫茫大兴安岭走出，向水草肥美、地域辽阔的"大泽"（今呼伦湖）进发，之后继续向南迁徙，在阴山地区盛乐，肇建代魏，此后迁都平城，正式建立北魏，成为被纳入正史序列、第一个统一北方的少数民族政权。内蒙古地区是拓跋鲜卑人走出森林、走向草原的第一个节点，也是他们心向华夏、走向融合之路的起点。

这个以拓跋鲜卑发展历程为主题的大型文物展览，自2018年6月起已在大同、武威、敦煌等多地成功举办，将此展览引进内蒙古博物院，也经历了近一年时间的酝酿与筹备。由于内蒙古呼伦贝尔、乌兰察布、锡林郭勒、呼和浩特等多地是拓跋鲜卑的迁徙、肇建政权的重要地点，遗留了大量的遗迹与遗物。内蒙古文博工作者经过多年的努力，积累并取得了一系列瞩目的研究成果，如：基本勾勒出拓跋鲜卑在内蒙古地区早期迁徙的路线图；辨析出拓跋鲜卑迁徙进程中与鲜卑其他部族在文物典章方面的关联；北魏迁都平城后，盛乐作为旧都——夏都，早、中期的皇帝每年夏天都会回到盛乐祭拜皇陵金陵，形成了固定的北巡祭祀之俗，等等。此次展览，我们将最新的研究成果悉数拿出，对展览结构稍加调整，增加了拓跋鲜卑在内蒙古地区迁徙活动的最新研究成果，是内蒙古博物院首次举办的以拓跋鲜卑为主题的大型文物展览。

拓跋鲜卑终结了十六国纷乱的局面，建立了北魏王朝。作为第一个成功扎根中原的草原民族，拓跋鲜卑在平城时代，既保留了鲜卑的游牧传统，同时又不断地接受中原文化和外来文化因素，呈现出兼收并蓄而又融汇多元文化的一种自身独有的风格；迁都洛阳是拓跋鲜卑汉化改革的重要环节，也是他们接受中原先进文化、学习儒家思想的客观反映，有力地推动了当时社会经济和文化的发展，为隋唐的统一和繁荣奠定了基础。

感谢大同市博物馆、洛阳博物馆同仁们精心策划的巡回展览，我院希望以此为契机，加强各文博单位之间的交流与合作，不断拓展对拓跋鲜卑融合发展进程的研究与展示！

内蒙古博物院院长

大兴安岭中的白桦林

序二

20世纪50年代末60年代初，在呼伦贝尔扎赉诺尔发现了一座古墓群，发掘者判定其文化族属为"东汉末鲜卑的一支"，进而被确定为拓跋鲜卑的文化遗存，是其"南迁大泽"时期留下的遗迹。此一发现，为早期拓跋鲜卑考古学文化树立了标尺，从此掀开了拓跋鲜卑考古的新篇章。1980年，在大兴安岭北段东麓的鄂伦春自治旗阿里河附近的嘎仙洞内，发现了北魏太平真君四年的石刻祝文，解决了拓跋鲜卑起源地这一千古之谜，证明了呼伦贝尔大兴安岭北段地区即鲜卑的发源地。自此，早期拓跋鲜卑的历史足迹被清晰地勾勒了出来，同时也证明了拓跋鲜卑在呼伦贝尔完成了由蒙昧的森林狩猎部落向草原游牧民族的华丽转身。

公元2世纪始，拓跋鲜卑离开呼伦贝尔大草原，首先来到匈奴故地之盛乐，继而平城、洛阳，凭借其森林民族浩荡之气、旷野之力，跃马弯弓，平息了中原地区社会动荡和内乱纷争，完成了定鼎中原之伟业。

拓跋鲜卑是我国历史上最早入主中原的北方少数民族，他们一路南下，开启了中国历史上第一次规模盛大的民族大融合，促进了各个民族的交往交流交融，此后的辽、金、元、清等朝代的统治者也都继承了这一传统。

文化的交流从来不是单向的，而是相互融通的，各民族文化交相辉映、交融互鉴，成就了中华文明的精彩纷呈、博大精深。以拓跋鲜卑为代表的北方游牧民族是中华文明进程的重要参与者和推动者，他们对中国古代疆域的开拓、中国历史灿烂文化的创造、中华民族伟大精神的培育均作出了不可磨灭的贡献。一部中国史，就是一部各民族交往交流交融汇聚成多元一体中华民族的历史，是各民族共同缔造、发展、巩固统一的伟大祖国的历史。"融合之路——拓跋鲜卑迁徙与发展历程"正是基于这样的一种认识，在呼伦贝尔博物院、内蒙古博物院、大同市博物馆、洛阳博物馆四馆精心筹划之下，集四馆之资源，形成的以拓跋鲜卑南迁为主线，以民族融合之精神为主题的展览。希望此展览的展出能为参观者带来一场1500年前拓跋鲜卑文明的饕餮盛宴。

呼伦贝尔历史博物馆馆长

云冈石窟大佛

序三

  2018年，我院和几家文博单位准备联合做一个关于北魏的展览。拓跋鲜卑，这个曾经在历史上辉煌一时的民族，显然还不具备广泛的知名度。在一次次的探讨中，展览的主题、框架、内容、展品……一点点血肉丰满起来。2018年6月，这个名为"融合之路——拓跋鲜卑迁徙与发展历程"的展览，在大同市博物馆三层临展厅与观众见面。

  后来，这个展览在洛阳博物馆展出，又以文化大使的身份远赴韩国，成为北魏乃至中国历史的一张国际名片。回国后，从甘肃的武威、敦煌，再到内蒙古博物院，巡展的步履不停，使得北魏历史文化走进不同的城市。现实映照着历史，北魏时期的人口大迁移，不单单是民族的迁徙或者人口的流动，它还包含了一个少数民族生生不息的渴望、一个政权开放包容的胸襟、一个王朝海纳百川的气度。如果要用一个简单的词语来形容这条路，没有比这四个字更合适的了——融合之路。

  走近这个展览，我们越能感受到这条"融合之路"的魅力。在内蒙古博物院，它的回归更显得意义重大。与其说这是一场巡展，倒不如说是一场声势浩大的寻根问祖之旅。拓跋鲜卑的故人不曾忘记，他的祖先就是在这里建立了代国（北魏的前身），也是在这里，阴山却霜，延续了北魏六镇的荣耀。或者更夸张一点来说，此展览在内蒙古博物院展出，是回顾历史，映照当下，也是启迪未来。

  内蒙古博物院的同仁，显然也对这个展览极为重视，赋予了它更为丰满的血肉。11家文博单位，285件文物，数万字的文字解读，较完整、深刻地再现了北魏拓跋鲜卑发展壮大的历史进程和意义。即将面世的这本图录作为整个展览的成果凝结，也将用文字和图片把逝去的王朝记忆唤醒、书写、铭记。

  回顾展览，拓跋鲜卑的历史源远流长。他们从生息在嘎仙洞的部落，一步步南迁壮大，先后定都盛乐、平城和洛阳，建立起一统北方的强大帝国，谱写了一部多民族交往交流交融的恢宏史诗。拓跋鲜卑的迁徙和发展历程，昭示了一种开拓创新的精神、一种兼容并蓄的胸怀。这条迁徙路线，也串联起沿途呼伦贝尔、呼和浩特、大同、洛阳以及与此相关的乌兰察布、包头等城市的共同情感。这条路，是一条融合之路，一条开放之路，更是一条文明之路。前路漫漫，希望这条路越走越宽，越走越远！

大同市博物馆馆长 段晓莉

龙门石窟

序四

洛阳，居天下之中，挟崤渑之阻，当秦陇之襟喉，而赵魏之走集，盖四方必争之地也，特殊的地理区位和自然环境，成为历代帝王心仪的建都之所，共有十三个王朝定都于此，造就了熠熠生辉的河洛文明。洛阳拥有着4000年建城史和1500年的建都史的文化积淀，为北魏赋予了正统性，无论哪个民族入主中原，都以统一天下为己任，都以中华文化的正统自居，成为华夏民族互鉴融通的大舞台，在中华民族交往交流交融发展史上发挥着极其重要的地位。

中华文化之所以如此精彩纷呈、博大精深，就在于它兼收并蓄的包容特性。鲜卑是中国古代北方游牧民族，公元386年，鲜卑族拓跋部拓跋珪复建代国，迁都盛乐，建立北魏政权，实现了局部统一。公元493—494年，孝文帝"因兹大举，光宅中原"，从平城迁都至洛阳，进行了学汉语、穿汉服、改姓氏、尊孔子、依汉律制定礼乐刑罚等重要改革措施，积极吸收中原文化和制度，开创了中华民族大融合、大发展的政治、文化格局。他的这一举措成为北方少数民族主动融入中华民族大家庭的历史典范，在中华民族共同体的历史演进中写下了不朽的精彩篇章。

内蒙古、山西、河南三地是拓跋鲜卑文化遗产最为集中、丰富的地区，是最具特色的共同历史文化记忆，分别代表了鲜卑拓跋部的起源、发展、壮大、入主中原历史进程的重要节点阶段。坚定文化自信，深化学术研究，创新展览展示，推动文物活化利用，推进文明交流互鉴，守护好、传承好、展示好中华文明优秀成果，重塑和再现拓跋鲜卑民族起源、发展、壮大，逐步融入中华民族发展的历史进程，展现其丰富的历史禀赋和现实动力。

希望以此展览为契机，进一步增强洛阳、大同、呼和浩特、呼伦贝尔四地之间的文博交流与合作，不断挖掘拓跋鲜卑文化遗产的历史内涵，为牢固树立正确的祖国观、民族观、文化观、历史观，构筑民族共有精神家园、增强中华民族共同体意识作出应有的努力和贡献。

最后，向为此次展览付出努力的同仁们表示衷心感谢，并预祝展览圆满成功！

洛阳博物馆馆长

大兴安岭

前言

拓跋鲜卑为鲜卑中的一支,属东胡族系。约公元前1世纪,拓跋鲜卑先民从茫茫大兴安岭走出,向水草肥美、地域辽阔的"大泽"(今呼伦湖)进发,之后继续向西南迁徙,居阴山地区,肇建代魏于盛乐,播下心向华夏、渴望交融的种子。

此后鲜卑人更以前所未有的豪气,建都平城,结束了分裂割据的乱局,并成为被纳入正史序列、第一个统一北方的少数民族政权。迁都洛阳后,植根于邙山洛水间的拓跋鲜卑,通过易汉服、讲汉语、胡汉通婚等诸多举措,将游牧文明与农耕文明融汇起来,为隋唐的统一和繁荣奠定了基础。他们所遗留下的诸多文物典章,至今为世人所瞩目;他们维护的丝绸之路,使东西方文化汇聚交融于此,为中华文明的发展注入了新的活力,为中华民族多元一体格局的形成贡献了力量。

值此第二十届中国·内蒙古草原文化节来临之际,由内蒙古自治区文化和旅游厅、内蒙古自治区文物局联合主办,内蒙古博物院承办,大同市博物馆、洛阳博物馆及自治区内十余家单位协办的这一展览,系统地再现了拓跋鲜卑从山林走向草原,并在中原建立政权的历程,揭示中华文明多元一体格局形成的发展进程。作为铸牢中华民族共同体意识系列展览,这是内蒙古博物院首次举办的以拓跋鲜卑发展历程为主题的大型文物展览。

目 录

第一章　拓跋肇启　/ 1
第二章　平城隆业　/ 47
第三章　洛邑重辉　/ 115
第四章　研究文章　/ 151
后　记　/ 233

第一章 拓跋肇启

拓跋鲜卑初起时是一个游弋于大兴安岭森林中的猎牧部落。据史载，他们很早就开始从大兴安岭北部南迁，在大泽（今呼伦湖）周边生活了百年之久，后向南迁至匈奴故地，进入内蒙古中南部地区。于公元2世纪中叶加入由檀石槐建立的部落联盟，势力不断壮大；至3世纪中叶，其首领力微居定襄之盛乐（今呼和浩特市大黑河流域东部一带），吸纳乌桓、匈奴、汉人等组成部落联盟。4世纪初，首领猗卢自称代王，建立代政权。

巍巍兴安，汤汤呼伦，茫茫敕勒，都留下他们迁徙的历史印迹。在与其他民族交往、交流的互动中，最终脱颖而出，雄踞于中国北方，为其后南进中原，建立北魏奠定了坚实的基础。

拓跋鲜卑大事年表

- 公元398年，拓跋珪定都平城，建宗庙，立社稷，称皇帝，是为道武帝。
- 公元386年，拓跋珪复建代国，徙居盛乐，改称魏王，国号"魏"，史称"北魏"。
- 公元376年，代国内乱，前秦苻坚发兵灭代。
- 公元338年，什翼犍即代王位，代国由中衰走向复兴。
- 公元316年，猗卢被其子六修所杀，拓跋部因内乱而衰。
- 公元308年，猗卢以盛乐为中心，将三部统一，后西晋封其为代公，不久自称代王。
- 公元295—304年，禄官在位，分拓跋领地为三部，禄官统领一部，居今河北丰宁一带；猗卢统领一部，居盛乐；另一支猗㐌部居参合陂。
- 公元258年，力微率部迁居定襄之盛乐，举行祭天大会，取得部落联盟领导权。
- 东汉后期，拓跋部从大泽（今呼伦湖）南迁至匈奴故地（今阴山、燕山以北的乌兰察布草原、锡林郭勒草原），加入檀石槐鲜卑部落大联盟，首领推寅成为西部大人之一。

- 公元534年，孝武帝奔长安，高欢另立孝静帝，迁都邺城，北魏分裂为东魏、西魏。
- 公元496年，改鲜卑姓为汉姓，拓跋氏改为元氏，反对南迁的势力谋叛被平定。
- 公元494年，孝文帝迁都洛阳，推行汉化政策，洛阳龙门石窟开凿。
- 公元490年，冯太后崩，葬于方山永固陵。
- 公元486年，颁行三长制，颁行新租调制。
- 公元485年，颁行均田令。
- 公元484年，颁行俸禄制。
- 公元466年，北魏立郡学，置博士、助教、生员。
- 公元460年，云冈石窟开凿。
- 公元450年，与南朝刘宋交战，北魏军队连克郡县，渡淮而北还，崔浩被杀，史称"国史之狱"。
- 公元439年，太武帝拓跋焘发兵攻灭北凉，统一黄河流域。

融合之路 拓跋鲜卑迁徙与发展历程

嘎仙洞遗址

源起石室

　　鲜卑属东胡族系,是继东胡之后崛起于大兴安岭的部族,而其中一支的拓跋鲜卑很早就生活在大兴安岭北段茂密的原始森林中。考古工作者于20世纪80年代在呼伦贝尔市鄂伦春自治旗发现的嘎仙洞石室及石刻祝文,有力地证实了拓跋鲜卑的起源地,并与史籍记载相互印证,意义极其深远。

　　据史载,拓跋鲜卑先民过着"广漠之野,畜牧迁徙,射猎为业,淳朴为俗,简易为化,不为文字,刻木纪契而已"的生活,考古发现也印证了这一点。

嘎仙洞遗址

嘎仙洞遗址位于内蒙古自治区呼伦贝尔市鄂伦春自治旗阿里河镇西北10公里、嫩江支流甘河的北岸。嘎仙洞位于峭壁之上，洞口高出平地约5米，洞口西南向，南北长90余米，东西宽27米，高20余米。1980年7月，米文平先生在大兴安岭考察时发现，嘎仙洞内西壁（距洞口15米处）有北魏太平真君四年（443年）的石刻祝文，记载了北魏太武帝拓跋焘派中书侍郎李敞到此祭祖之事，与《魏书》记载基本相符，有力地证明了此处即拓跋鲜卑祖先的旧墟石室。

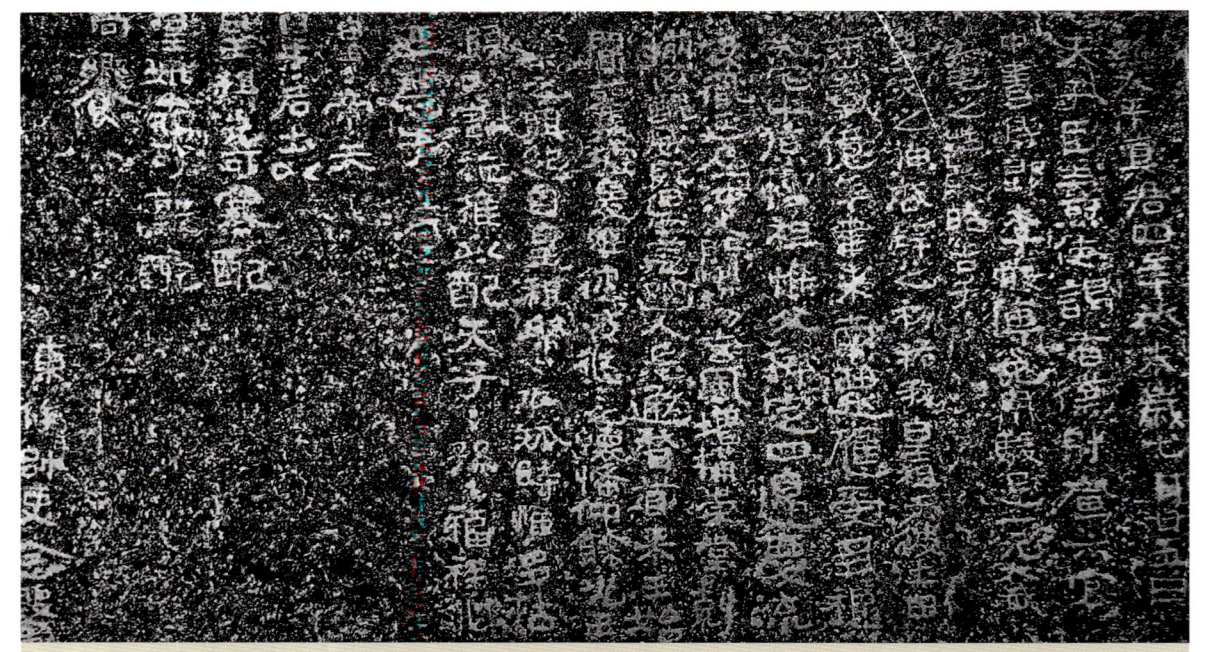

嘎仙洞遗址石刻祝文拓片

嘎仙洞石刻祝文：

维太平真君四年，癸未岁七月廿五日，天子臣焘使谒者仆射库六官，中书侍郎李敞、傅㐷（nóu），用骏足、一元大武、柔毛之牲，敢昭告于皇天之神：

启辟之初，祐我皇祖，于彼土田，历载亿年。聿来南迁，应受多福。光宅中原，惟祖惟父。拓定四边，庆流后胤。延及冲人，阐扬玄风，增构崇堂，克翦凶丑，威暨四荒。幽人忘遐，稽首来王。始闻旧墟，爰在彼方。悠悠之怀，希仰余光。王业之兴，起自皇祖。绵绵瓜瓞，时惟多祐。归以谢施，推以配天。子子孙孙，福禄永延。荐于：

皇皇帝天，皇皇后土。以皇祖先可寒配，皇妣先可敦配。

尚飨！

东作帅使念凿。

石镞

东周

内蒙古呼伦贝尔市鄂伦春自治旗嘎仙洞遗址出土

大：长5.1厘米，宽1.35厘米，厚0.4厘米

小：长2.5厘米，宽1.3厘米，厚0.4厘米

呼伦贝尔博物院藏

呈直边三角形，凹底，白色半透明。尖端较锋利，侧边及凹底呈不规则锯齿状，为压剥后留下的痕迹。一尾翼残断。

骨料

东周

内蒙古呼伦贝尔市鄂伦春自治旗嘎仙洞遗址出土

长19.2厘米，宽2.19厘米

呼伦贝尔博物院藏

应为制作骨器的原料。由动物骨中间劈开成形，其中两件一端各有一圆形孔。

呼伦贝尔地区的鲜卑墓葬主要分布在大兴安岭西侧的呼伦湖和呼伦贝尔草原一带，比较重要的有扎赉诺尔墓群、拉布达林墓群、完工墓群等，这些墓葬即为拓跋鲜卑南迁"大泽"（今呼伦湖）时的遗存。

呼伦贝尔鲜卑墓群分布示意图

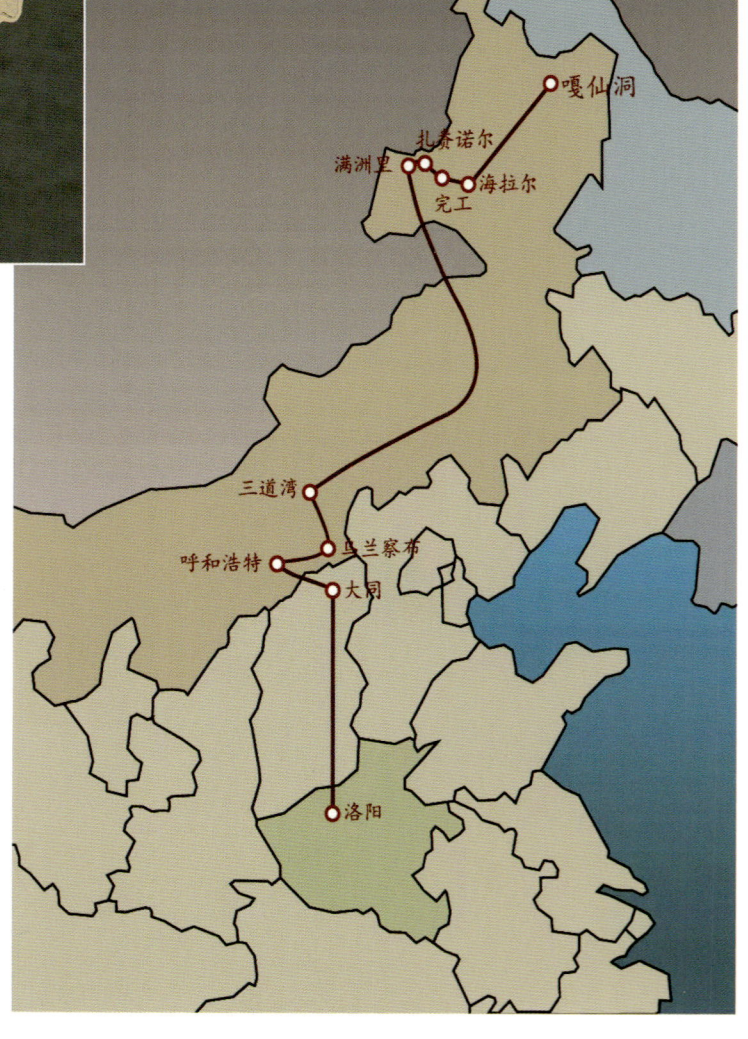

拓跋鲜卑迁徙图

南迁草原

为了开辟新的生存空间,拓跋鲜卑走出大兴安岭,几经辗转,先后来到呼伦贝尔草原和匈奴故地的阴山脚下。至公元2世纪中叶,在漠南地区加入檀石槐所建的部落大联盟。

公元258年,力微将统治中心移到定襄之盛乐(今呼和浩特市大黑河流域东部一带),联合乌桓、匈奴、汉人等,组建了以拓跋鲜卑为首的部落联盟,一方面与魏晋互通贸易,同时威服四邻,势力逐渐强大起来。

呼伦贝尔草原

陶罐

汉代

通高14.3厘米，口径9.32厘米，腹径11.9厘米，底径6.32厘米

内蒙古呼伦贝尔市鄂温克族自治旗白音乌拉遗址采集

呼伦贝尔博物院藏

夹砂灰褐陶，手工捏制。圆唇、敞口、束颈、鼓腹、平底。器表较光滑。

陶罐

汉代

通高16.3厘米，口径13.6厘米，腹径12.5厘米，底径7.75厘米

内蒙古满洲里市蘑菇山墓群出土

呼伦贝尔博物院藏

夹砂灰陶，手工捏制。圆唇、敞口、束颈、微鼓腹、平底。颈部饰一道绳纹。

桦树皮盒盖、底

东汉

直径10.5厘米

内蒙古呼伦贝尔市扎赉诺尔墓群出土

内蒙古博物院藏

扎赉诺尔墓群中出土大量用桦树皮制作成的罐、壶、筒、桦树皮器盖或器底、箭袋、弓囊等器物。不仅如此,墓主人均以桦木为棺,或以桦树皮覆盖墓葬主人,可以看出,桦树对于鲜卑人的生活来说是非常重要的。

桦树皮弓囊

东汉

长92厘米,宽16.2厘米

内蒙古呼伦贝尔市扎赉诺尔墓群出土

内蒙古博物院藏

即存放弓箭等器具的。对于游牧民族来说,狩猎是鲜卑族获得食物来源的方式,是经济生活的重要组成部分,更是民族传统文化。

骨箭镞

东汉

长5.7～18.2厘米，宽0.9～1.5厘米

内蒙古呼伦贝尔市扎赉诺尔墓群出土

内蒙古博物院藏

为兽骨磨制，镞身为四棱形，镞头尖锐锋利。镞身与镞铤之间呈过渡状，由镞身向镞铤倾斜渐细，至中部形成圆形台面。其下为镞铤，呈长圆锥形，尾端锋利。

石镞

东汉

长3.1～6.7厘米

内蒙古呼伦贝尔市陈巴尔虎旗完工墓出土

内蒙古博物院藏

陈巴尔虎旗完工墓出土的石镞，打制技巧已达到很高水平，如三棱形镞，其形制已近似铜镞。

骨弓弭

东汉

长20.9厘米，宽2.5厘米

内蒙古呼伦贝尔市扎赉诺尔墓群出土

内蒙古博物院藏

为了增加弓弩的强度，常在弓的两端附加一组与弓干质地不同的部件，一般称之为弭，因外形似人耳，又称弓耳。一端有半月形锲口，以放弓弦。出于耐磨度的要求，此弭一般以骨、角制作，也有铜、玉、蚌等质地。

嵌松石煤精饰件

东汉

长7厘米

内蒙古呼伦贝尔市扎赉诺尔墓群出土

内蒙古博物院藏

阴刻龙头及颈部,刻纹清晰。均有3~4个小孔,用以固定在革带之上,发现于尸骨的腰部位置。带饰上的阴刻龙纹说明拓跋鲜卑很早就与中原汉文化有了很深的交流。

鎏金马纹铜带扣

东汉

长10厘米，宽5.8厘米

呼伦贝尔市扎赉诺尔墓群出土

内蒙古博物院藏

铜质鎏金，带扣一端开孔，其上浮雕马纹。

翼马纹鎏金铜带饰

东汉

长10.3厘米，宽6.8厘米，厚0.2厘米

呼伦贝尔市扎赉诺尔墓群出土

内蒙古博物院藏

带饰上浮雕一翼马纹，作疾速奔驰状。此种有翼的马应为文献中记载的引领拓跋鲜卑南迁的神兽。

骨鐍

东汉

长7.13厘米，宽3.4厘米，厚1.1厘米

内蒙古呼伦贝尔市扎赉诺尔墓群出土

内蒙古博物院藏

即骨带扣。鲜卑族精于骑射，为便于骑射、作战，通常衣长齐膝，裤子紧窄，腰间束带，以带扣相连接。此类带扣传入中原地区后，被称为"鲜卑头"，可见鲜卑对中原地区的影响之巨。

青铜带饰

东汉

直径4.2～4.5厘米，厚0.8～1.1厘米

内蒙古呼伦贝尔市扎赉诺尔墓群出土

内蒙古博物院藏

出土有三件，均为铸造，在顶部开孔。其中两件形制相同，顶部开正方形孔，孔外镂空，形成一圈卷云纹。

青铜带饰

东汉

长5.1～13.3厘米，宽2.5～3.9厘米

内蒙古呼伦贝尔市扎赉诺尔墓群出土

内蒙古博物院藏

铜质，共三件，均为蹀躞带的一部分，包括两枚桃心形带銙和一枚铊尾。銙的上部呈梯形，上端有三个呈倒三角形排列的小孔，用以固定在革带上，中部有两个长方形孔，下垂桃心形銙叶，其中一枚带銙的銙叶已残失。铊尾整体呈方形，尾部有弧形尖状凸出，中间有三个圆托，应为镶嵌之用。

绿松石串珠

东汉

珠通长0.7~2厘米

内蒙古呼伦贝尔市陈巴尔虎旗完工墓群出土

内蒙古博物院藏

项饰，由绿松石、骨、玛瑙珠、料珠等相间穿连而成。骨制品呈管状。绿松石有圆柱形、扁体圆形、长方形、八棱柱形等，两侧或中间有孔。玛瑙珠为红色或黄色扁圆形。料珠为蓝色扁圆形。

石珠串

东汉

珠通长1.3厘米

内蒙古呼伦贝尔市陈巴尔虎旗完工墓群出土

内蒙古博物院藏

项饰，由管状石相间穿连而成，串珠为黄褐色。

蚌饰

东汉

通长2.4厘米

内蒙古呼伦贝尔市陈巴尔虎旗完工墓群出土

内蒙古博物院藏

为蚌壳磨成，下面刻有一道凹槽，背面呈平面，出土共计二十件。是装饰品还是货币，有待进一步研究。

融合之路：拓跋鲜卑迁徙与发展历程

水晶饰件

东汉

长2.2厘米，宽1.5厘米，厚1厘米

内蒙古呼伦贝尔市扎赉诺尔墓群出土

内蒙古博物院藏

鲜卑族珍视各色宝石，据徐广《晋记》载："鲜卑以碧石为宝。"碧石即各类色彩艳丽的美石。因其较易保存，在扎赉诺尔、伊和乌拉等早期鲜卑墓葬中有不少发现，包括绿松石、玛瑙、翡翠、赤铁矿石等，主要用于制作头饰、耳饰、项饰、手饰、腕饰、带饰等饰品。鲜卑族迁入中原后，仍保持喜好宝石的传统习惯。

玛瑙饰件

东汉

长5.8厘米，直径1.5厘米

内蒙古呼伦贝尔市扎赉诺尔墓群出土

内蒙古博物院藏

项饰，由管状玛瑙与水晶珠穿缀而成。桃红巴拉墓地、玉隆太墓地、西沟畔和毛庆沟墓地中发现有类似的项饰。西沟畔墓地是我国汉代匈奴考古的重要发现之一，出土了数量较多的金质头饰，水晶、玛瑙等质地的串珠饰，以及40余件仿照汉代玉器的石佩饰等，由此说明，这是一座规格比较高的墓葬。

玉环

东汉

外径12.7厘米，内径8.7厘米，厚0.5厘米

内蒙古呼伦贝尔市扎赉诺尔墓群出土

内蒙古博物院藏

圆形，中间有孔。《尔雅·释器》载："肉好若一谓之环。"好为孔，肉为玉的部分，二者尺寸相等，即可称为环。此环从新石器时代即开始流行，一直到明清时期。在各种不同材质的环当中，陶环最早，石环仿于陶环，玉环仿自石环。

石环

东汉

外径6.8厘米，厚0.9厘米

内蒙古呼伦贝尔市扎赉诺尔墓群出土

内蒙古博物院藏

石质，外缘有磨损残缺。

双孔青玉饰片

东汉

通长10.5厘米，宽7.5厘米

通长10.3厘米，宽7.3厘米

内蒙古呼伦贝尔市扎赉诺尔墓群出土

内蒙古博物院藏

出土时，死者左右手各握一件。

陶罐

东汉

高16.7厘米，口径12厘米，腹径10.7厘米，底径6.3厘米

内蒙古呼伦贝尔市扎赉诺尔墓群出土

内蒙古博物院藏

侈口、束颈、鼓腹、平底。口沿下方贴饰一圈附加堆纹，上部戳印篦点纹。

陶罐

东汉

高11.5厘米，口径6.2厘米，腹径14.5厘米，底径6.3厘米

内蒙古呼伦贝尔市扎赉诺尔墓群出土

内蒙古博物院藏

素面，口微敞，上腹处饰有双环耳。

陶罐

东汉

高18.6厘米，口径14.8厘米，腹径17厘米，底径8厘米

内蒙古呼伦贝尔市扎赉诺尔墓群出土

内蒙古博物院藏

口沿外敞，肩部高耸，颈部刻有一圈指甲纹，腹上饰有三只假耳。

单耳夹砂褐陶罐

东汉

口径10.5厘米，腹径9厘米，底径6.4厘米，高14厘米

内蒙古呼伦贝尔市扎赉诺尔墓群出土

内蒙古博物院藏

口沿下方饰篦点纹，直腹，腹部一侧饰环耳，圈足。器身烧制颜色不均匀。

敞口夹砂褐陶罐

东汉
口径16.7厘米，底径9.4厘米，高20厘米
内蒙古呼伦贝尔市扎赉诺尔墓群出土
内蒙古博物院藏

敞口、束颈、鼓腹、平底。口沿下方贴饰一圈附加堆纹，上部戳印篦点纹。

乳钉鱼鳞纹陶壶

魏晋
高14.3厘米，口径13.3厘米,底径8.2厘米，腹径15厘米
内蒙古通辽市科尔沁左翼中旗白音芒哈出土
内蒙古博物院藏

敞口、鼓腹、平底。肩腹饰乳钉纹，以弧线连接。

几何纹灰陶罐

魏晋
高13厘米，口径10.5厘米，腹径11.3厘米，底径7厘米
内蒙古通辽市科尔沁左翼中旗白音芒哈出土
内蒙古博物院藏

敞口、斜肩、鼓腹、平底。腹部饰几何纹。

卧马形金挂饰

北魏

长8厘米,宽5厘米,链长13厘米,重91克

内蒙古通辽市科尔沁左翼中旗喜伯花镇六家子嘎查出土

通辽市博物馆藏

  为黄金模铸,马呈蹲踞状,低首竖耳,闭目,口微张,鬣鬃清晰整齐,尾下垂,头顶与尾部上方各有一孔,孔内各系一段金链,每段由二十一节组成,共四十二节,为佩戴之用。

人面纹金牌饰

北魏

长8.8厘米，宽5.8厘米，重99.2克

内蒙古通辽市科尔沁左翼中旗腰林毛都镇北哈拉图达嘎查征集

通辽市博物馆藏

　　该人面纹牌饰造型可分为上下两部，上部为人面纹，圆耳，眼微睁，高颧骨，下部两侧各有丙弧状镂空，胸部饰六个凸起的乳钉纹，中间亦镂空，四周环绕勾云纹，头部顶端有四个系环，最下整体内收，未封口。

双系平底铜鍑

东汉

通高19.3厘米，口径12.7厘米，腹径8厘米

内蒙古乌兰察布市卓资县石家沟墓群出土

内蒙古博物院藏

　　口微敛，半环状耳，直腹，平底，是常见的炊煮器。鲜卑民族迁入乌兰察布地区后，仍保留着原有的生活习惯，铜鍑的发现，为研究拓跋鲜卑的活动范围、经济生活情况提供了很好的参考资料。

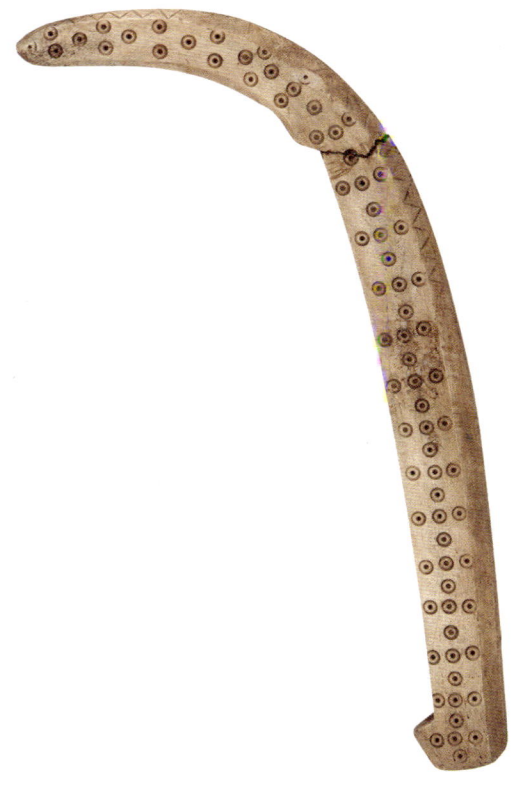

重圈纹骨柄角形器

东汉

长26.4厘米、宽2.4厘米、厚2.2厘米

内蒙古乌兰察布市卓资县石家沟墓群出土

内蒙古博物院藏

　　中心有一圆形凹点，点外围绕一周内凹的圆圈。此类骨角器在我国分布非常广泛，西到新疆维吾尔自治区，东到吉林省，均有发现。

环首铁刀

东汉

长122厘米,刃宽3厘米,通宽7厘米,厚0.8厘米

内蒙古乌兰察布市卓资县石家沟墓群出土

内蒙古博物院藏

直身一侧开刃,刀背厚,刀尖斜直,刀身与刀柄无明显界限,饰环状柄端,故称环首铁刀。

环首铁刀起于战国,在西汉时,炼钢技术进一步发展,将钢经过反复折叠锻打和淬火后制作出来的直刃长刀,是当时世界上最为先进、杀伤力最强的近身冷兵器,也是人类历史上具有非凡意义的一种兵器。

铁匕

东汉

长45.5厘米

内蒙古乌兰察布市卓资县石家沟墓群出土

内蒙古博物院藏

墓中出现铁制工具、武备、马具等。这种技术的发展是与中原地区文化交流的结果。

乳钉纹铜饰牌

东汉

长7.4厘米，宽6.6厘米，厚0.5厘米

内蒙古乌兰察布市卓资县石家沟墓群出土

内蒙古博物院藏

  网格形，饰有乳钉纹突钮，四角的圆形穿孔是穿系服带的地方，用以将腰带两侧的牌饰连接在一起，牌饰横向放置，很可能是将两个牌饰分别固定在腰带两端。

  此类牌饰于东汉时期在长城地带经过短暂的流行后很快消失，可能是因为鲜卑人很快接受了中原文化，随着其部分民族传统的消失而消失。

铜镜

东汉

直径8厘米

内蒙古乌兰察布市卓资县石家沟墓群出土

内蒙古博物院藏

  圆形钮，圆钮座。主体纹为四个重圈乳钉纹，间饰以四禽纹。近边缘饰有两周锯齿纹，凸缘。

骨带扣

东汉

长3.7厘米，宽2.2厘米；长3.6厘米，宽2.25厘米

内蒙古乌兰察布市卓资县石家沟墓群出土

内蒙古博物院藏

呈长方形，一端齐平，一端中部凸起尖状扣缘。表面两端有长方形穿孔，用于穿带。制作规整、精致。

乳钉纹铜带饰

东汉

带头长12厘米，宽5厘米；带饰长6厘米，宽5厘米

内蒙古乌兰察布市卓资县石家沟墓群出土

内蒙古博物院藏

使用此套带饰时，起扣结作用的是铸有固定扣舌的那一件，与其对称的一件则起装饰作用。扣结时，将其一端的带子自下而上穿过对面的带扣，再折返回来用扣舌扣住。北方游牧民族的革带与中原的不同，他们通常会在革带下缘装有垂饰。为了适应草原游牧生活，他们的垂饰往往不像中原的佩玉那么拖累，像小刀、砺石之类的实用性工具较多。

涡纹骨饰

东汉

长8.5厘米，宽4.2厘米，厚0.3厘米，环径1.1厘米

内蒙古乌兰察布市卓资县石家沟墓群出土

内蒙古博物院藏

涡纹在新石器时代就开始大量使用，是各类文化彩陶中普遍存在的纹饰形式。最初是水的意象，水在原始先民的生产生活中有着无可替代的地位，把水纹刻绘在陶器上，表达了先民们对水的自然崇拜和信仰。北方草原民族也有水崇拜的传统，匈奴与鲜卑文物中均有涡纹的出现。

乳钉纹铜镯

东汉

直径6.9厘米，宽1厘米

内蒙古乌兰察布市卓资县石家沟墓群出土

内蒙古博物院藏

截面呈半圆形。外缘饰有凸起的扁圆形乳突，使得镯子外缘呈波浪状。

双龙头形青铜带扣

魏晋

高3.5厘米,宽3.8厘米,厚0.3厘米

内蒙古乌兰察布市察哈尔右翼后旗枳机渠出土

内蒙古博物院藏

双龙头并排,颈部相连。

鎏金青铜缀饰

魏晋

长3.6厘米,宽2.3厘米,厚0.3厘米

内蒙古乌兰察布市察哈尔右翼后旗枳机渠出土

内蒙古博物院藏

呈长方形,两边有穿孔,浮雕"8"字纹,表面鎏金。

松石、珠料饰件

东汉

通长55厘米

内蒙古乌兰察布市察哈尔右翼后旗三道湾墓地出土

乌兰察布市博物馆藏

由32颗珊瑚、松石、水晶、玛瑙等串成。这些珠料大小不一，形状各异，颜色鲜明。作为传统的宝石，绿松石、玛瑙等自古便受到众多古老民族的喜爱，特别是北方游牧民族。他们逐水草而居，由于生产不稳定，因此倾向于将财富集中于妇女光彩夺目的装饰上，是北方少数民族追求精神生活及物质生活的文化象征。这件松石、珠料饰件出土时，珠子散落于墓中，应该是墓主人生前心爱之物。

铜镯

东汉

直径6.7厘米、6.7厘米、6.6厘米

内蒙古乌兰察布市察哈尔右翼后旗三道湾墓地出土

乌兰察布市博物馆藏

一套三件，圆形，素面，扁条状环箍。制作规整，粗细均匀，接口隐蔽。它与耳环、项链一样，被人们作为服装的配套装饰。可单独配戴或成串佩戴，造型朴素，是当时普通鲜卑百姓的佩戴品。

椭圆形骨带扣

东汉

长3.5厘米,宽3.2厘米,厚0.15~0.2厘米

内蒙古乌兰察布市察哈尔右翼后旗三道湾墓地出土

乌兰察布市博物馆藏

骨质带扣呈椭圆形，锁状，弓字形穿扣，烫印圆形星月图文，其形制极具北方少数民族特点。

带扣又称带卡、带铰、带镳或扣绊。就目前考古发现，带扣大约在春秋末期就已出现，东汉时期就比较常见了，多为铜质，是古代男性的常用之物。这件椭圆形骨带扣是鲜卑人就地取材，将狩猎之骨合理利用并加装饰，制成一件件装饰品，体现出当时人们的独特审美。

"位至三公"八凤纹铜镜

东汉

直径13.7厘米，厚0.3厘米

内蒙古乌兰察布市察哈尔右翼后旗三道湾墓地出土

乌兰察布市博物馆藏

"位至三公"铜镜纽座边缘饰以铭文"位至三公"，铭文周围刻有柿蒂、蒂花及边凤，残为八块。"三公"是对古代官职的称谓，是负责军政司法的最高长官，拥有较高的权利和地位。人们把"位至三公"字样铸刻在日常生活用具铜镜上，以表达人们对于高官厚禄的美好期望。

双鹿纹金饰牌

东汉

长7.1厘米，宽5.3厘米，重44.1克

内蒙古乌兰察布市察哈尔右翼后旗三道湾墓地出土

乌兰察布市博物馆藏

金质，矩形牌，鹿呈相对昂首而立之状，牌饰边框凸起为廓，上饰阴线纹。双鹿纹金饰牌是鲜卑早期文物的典型代表，体现了早期鲜卑独特的艺术风格和审美观点，蕴藏了他们的宇宙观及宗教信仰，是研究早期鲜卑历史和文化的重要依据。

金盘丝耳坠

东汉

长6.3厘米

内蒙古乌兰察布市察哈尔右翼后旗三道湾墓地出土

乌兰察布市博物馆藏

金质,由金片剪成,厚处剪成圆形弯钩,薄处剪成七条细丝,然后逆时针向内卷曲,形成盘旋状圆形花饰,其中最大花饰位于最下部,其余两两左右对称分布三排,自下而上逐渐内收,耳坠中间饰两圆珠纹,顶端呈两环相扣状。这种盘丝卷心状造型源自欧亚草原文明,在今西伯利亚一带的考古遗存中经常可见其踪迹。

三鹿纹镂空金饰件

东汉

长6.3厘米

内蒙古乌兰察布市察哈尔右翼后旗井滩村出土

内蒙古博物院藏

三鹿前后排列,作回首伫立状。早期鲜卑人在山林中以打猎为生,鹿、狍子是最常见的猎物,以此作为造型和纹饰多出现在器物上。

融合之路：拓跋鲜卑迁徙与发展历程

阴山山脉

第一章　拓跋肇启

营居盛乐

　　魏晋时期，力微率众组成以拓跋鲜卑为首的部落大联盟，以今呼和浩特平原为基地，不断发展壮大。公元295年，拓跋鲜卑一分为三，禄官一部居今河北丰宁县一带，猗卢一部居盛乐，另一支猗㐌（音yi）部居参合陂（今乌兰察布市黄旗海）。公元310年，猗卢被西晋加封为代公，并以盛乐为北都，平城（今山西省大同市）为南都。公元315年，猗卢自称代王，建立代政权，至公元376年，为前秦灭。公元386年，拓跋珪在牛川（今乌兰察布市察哈尔右翼后旗韩勿拉河流域）即代王位，不久迁都盛乐，改称魏王，史称北魏。

敕勒川狩猎岩画

"晋鲜卑率善中郎将"银印

西晋
边长2.2厘米，高2.6厘米
内蒙古乌兰察布市凉城县小坝子滩窖藏出土
内蒙古博物院藏

  印体呈扁方形，印纽呈卧驼状，体刻兽毛。印面以篆书阴刻"晋鲜卑率善中郎将"。小坝子滩窖藏同时出土有"晋鲜卑归义侯"金印、"晋乌丸归义侯"金印、"晋鲜卑率善中郎将"银印，为西晋王朝分别赐给拓跋鲜卑首领力微、乌桓首领王库贤、力微长子沙漠汗的印信。

嵌松石兽头形金戒指

西晋

最大直径2.9厘米，戒面宽1.8厘米

内蒙古乌兰察布市凉城县小坝子滩窖藏出土

内蒙古博物院藏

指环被捶打成扁条状，戒面为兽面，眉弓较高，双目圆睁，上镶嵌圆形宝石，吻部凸出。

尖塔形金饰

西晋

边长2厘米，高1.7厘米

内蒙古乌兰察布市凉城县小坝子滩窖藏出土

内蒙古博物院藏

金片打制，呈尖塔状，底边有圆形孔，用于穿缀。

网格纹管状金饰

西晋

长1.9厘米，直径0.4厘米

内蒙古乌兰察布市凉城县小坝子滩窖藏出土

内蒙古博物院藏

表面錾刻菱形纹。

金跪兽饰件

西晋

高3.7厘米，宽2厘米

内蒙古乌兰察布市凉城县小坝子滩窖藏出土

内蒙古博物院藏

兽耳直立，张口露齿，四肢弯曲，呈跪立状，多处镶有宝石，四肢边缘有孔，用于悬缀。

"猗㐌金"四兽纹金饰牌

西晋

长9.9厘米，宽7厘米

内蒙古乌兰察布市凉城县小坝子滩窖藏出土

内蒙古博物院藏

采用透雕工艺，四兽两两相背，上下排列。兽首向外，作张口吞物状，屈身，短尾上卷。饰牌上有多个穿孔。背面錾有"猗㐌金"三字。该金饰牌为西晋王朝赐予沙漠汗长子猗㐌之物。

金龙项饰

十六国时期

长128厘米

内蒙古包头市达尔罕茂明安联合旗西河子窖藏出土

内蒙古博物院藏

此佩饰为鲜卑贵族所用。龙身用金丝编结成链状，两端套接金片锤制的龙首。龙身缀有盾二、戟二、钺一、梳二等饰物。

铜佛像

十六国时期

长128厘米

内蒙古呼和浩特市托克托县云中郡故城出土

托克托博物馆藏

此佛像是用铜或青铜铸造而成的。整体呈灰色，双手掌心向上，两手相叠放于膝上，凝视下方。

第一章 拓跋肇启

鹿首金步摇冠

十六国时期

宽12厘米，高18.5厘米

内蒙古包头市达尔罕茂明安联合旗西河子窖藏出土

内蒙古博物院藏

鹿首形，用炸珠工艺形成五官边框，内嵌各色宝石，耳为桂叶形，鹿角枝尾挂有叶形金片。步摇冠始于汉，至西晋后，在慕容鲜卑族中盛行，史书中多有记载。

第二章 平城隆业

　　大同，汉魏时称平城。自道武帝天兴元年（公元398年），大同作为北魏的都城，至孝文帝迁都洛阳，在这近一个世纪里，北魏社会发生了重要转型，统治者仿效中原传统制度，以皇权和官僚系统取代了部落联盟的制度，逐步建立起中原王朝式的治理体制。同时，通过迁徙大量人口充实京畿地区，筑城池、修苑囿、发展经济，黄河流域迎来了较长时间的稳定和发展。在此期间，北魏统治者维护了西域道路的畅通，保障了商贸往来，为平城经济、文化注入了新的活力。北魏王朝以盛乐为旧都，在盛乐建有云中镇、朔州，并在北疆地区设立六镇，护卫盛乐、平城。

平城崛兴

公元398年,道武帝拓跋珪迁都平城,北魏进入新的平城时代。至太武帝拓跋焘即位后,国势强劲,讨柔然,征大夏,灭北燕,取北凉,统一北方,结束了北方长达百年的分裂割据局面。之后,文明太后和孝文帝推行的改革,加速了北魏的汉化进程,胡风汉韵,生机勃勃。经过几代君主的开拓和经营,平城的建设也日臻完备,在迁都洛阳前的近百年间,平城成为中国北方政治、经济和文化的中心。

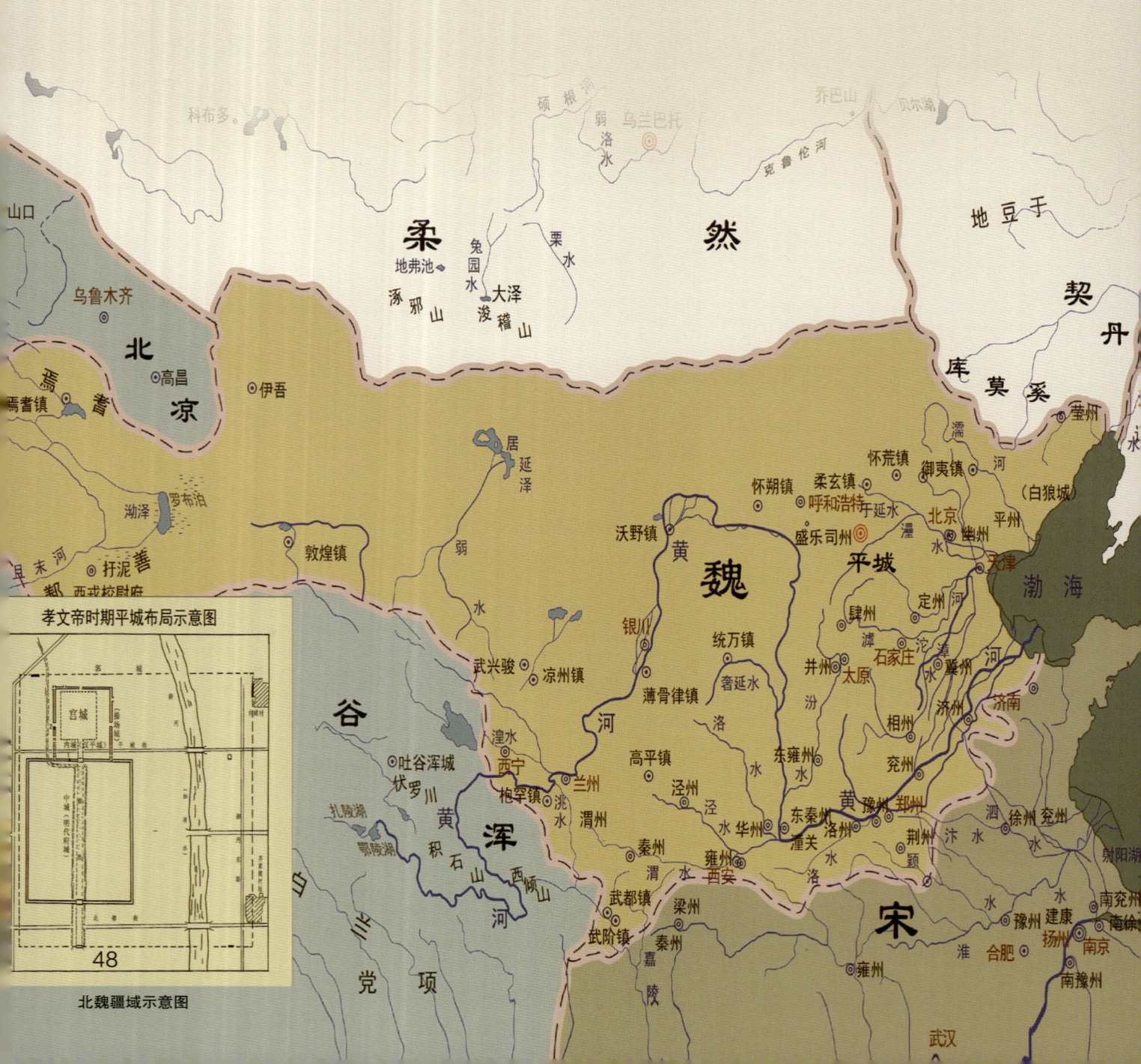

孝文帝时期平城布局示意图

北魏疆域示意图

釉陶风帽仪仗俑

北魏
高23厘米,宽9厘米,底径9厘米
山西省大同市石家寨司马金龙夫妇墓出土
大同市博物馆藏

　　通体施青绿色釉,帽顶、衣内外用白彩绘成虎斑纹状。头戴圆顶风帽,垂裙及肩,脸两侧垂裙外翻,身披小立领直襟长袍,两袖下垂,衣长至踝。脸部施釉后又涂粉彩,以红线勾脸廓及眼眶。宽眉,黑眼珠,八字须,红唇。双手拱握于胸前,中间有圆孔,所持之物缺失。

釉陶武士俑

北魏

高21厘米,宽6厘米,厚7厘米,底径6.5厘米

山西省大同市石家寨司马金龙夫妇墓出土

大同市博物馆藏

通体施黄褐色釉,帽顶及铠甲绘白色条纹。头戴兜鍪,上身内着及膝长袍,下着裤,上衣外罩铠甲,肩有披膊,甲身由长方形甲片编缀而成,甲身底边有宽红缘。左臂平举,右手上举至肩部,所持之物均缺失。脸部施釉后又涂粉彩。浓眉,黑眼珠,八字须,红唇。

釉陶甲骑具装俑

北魏
长29厘米,高28厘米,底座长13厘米,宽8.5厘米
山西省大同市石家寨司马金龙夫妇墓出土

大同市博物馆藏

　　甲骑具装俑即武士与战马均着铠甲的重骑兵。人、马通体施黄褐色釉,上绘白色条纹。骑兵头戴兜鍪,身披铠甲,左手握缰,右手执物,昂首挺胸,目视前方,英俊威武。战马头戴面帘,全身披铠,铠甲装饰纹与武士一致,威风凛然。

釉陶骑马鸡冠帽俑

北魏

通高27厘米，长28厘米，座宽9厘米，座长17厘米

山西省大同市石家寨司马金龙夫妇墓出土

大同市博物馆藏

人、马通体施黄褐色釉，武士头戴垂裙帽，上置鸡冠形装饰。内着长褶，外套为圆领窄袖皮甲，下着裤，足登靴。左手牵握缰绳，右臂向上弯曲，右手曲握执物，所执之物缺失。此俑为轻骑兵，人、马皆不披铠，通常位于队伍的前部和后部。

铁马镫

北魏

长17.5厘米，镫径13.7厘米

山西省大同市石家寨司马金龙夫妇墓出土

大同市博物馆藏

铁质，镫环为椭圆形，镫柄为长方形，柄末端有长方形横穿。除此之外，大同地区的北魏墓中也出土了带有双马镫的马俑，这些都是北魏骑兵使用马镫的直接证明，也反映了北魏军事力量的强盛。

釉陶马

北魏

长42厘米，高28厘米

山西省大同市石家寨司马金龙夫妇墓出土

大同市博物馆藏

通体施青绿色釉。马首微低内勾，目视下方，头顶部的鬃毛以马耳为中心围绕盘起，并以丝带约束。颈部长鬃下披，臀肥体壮，四肢健美有力，表情温驯，写实性强。

彩绘陶马

北魏
通高33.8厘米，通宽20.6厘米，残长38.8厘米
山西省大同市雁北师院北魏墓出土
大同市博物馆藏

骏马曲颈伫立，头顶部的鬃毛细密整齐，双目熠熠有神，鼻孔翕张，马嘴紧闭，作静声状。颈系束带，下系铃铛。马背正中置马鞍和障泥。马全身绘有红色网状纹。

公元398年，北魏道武帝将都城从盛乐迁至平城。平城作为北魏国都97年，历6帝7世的开拓和经营，形成郭城周回32里、人口上百万、商旅云集、使者络绎的大都市。北魏京都平城是在秦汉平城县的基础上扩建而成，分为宫城、外城、郭城。宫城位于平城北部，宫殿栉比，建筑恢宏。外城坊间开巷，巷通街衢，规划完整，布局严谨。郭城外东设东苑、太庙；西置郊天坛、西苑、武州山石窟寺（今云冈石窟）；北建北苑、鹿野苑；南筑圆丘、明堂等。

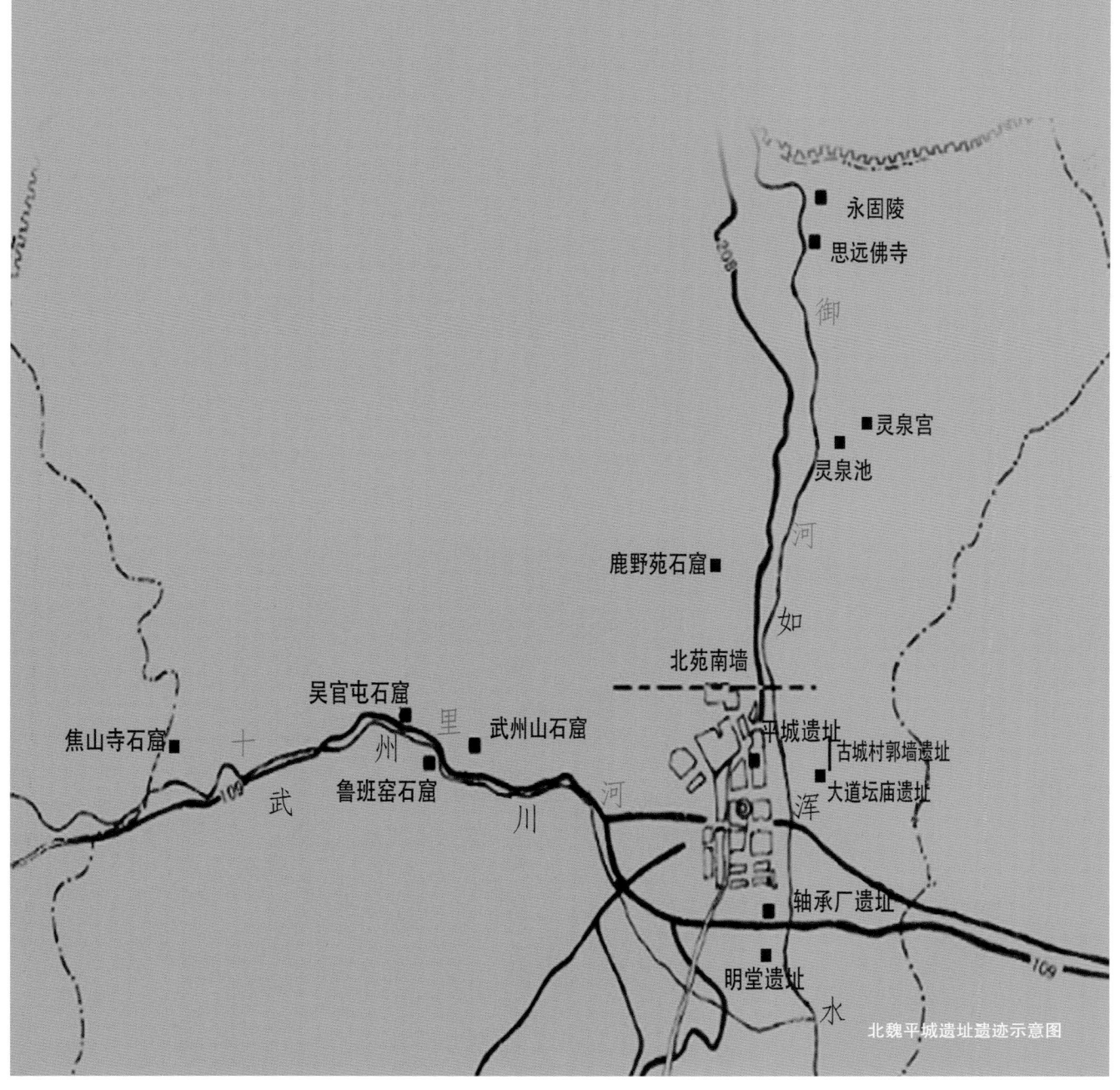

北魏平城遗址遗迹示意图

陶毡帐

北魏
长28厘米，宽28厘米，高38厘米
山西省大同市御昌佳园北魏墓葬出土
大同市博物馆藏

底座呈长方形，四壁外弧，顶部中间开有两个天窗，正壁中下部开一扇门，门两侧和左右两侧壁各开两个长方形小窗。后壁贴塑一条绳索，一端分三叉固定于后壁，另一端绕过一固定圆形钮向前与门帘紧系。

卷云纹"平城"瓦当

西汉

直径16厘米

山西省大同市操场城北魏太官仓储遗址出土

大同市博物馆藏

泥质灰陶，边轮窄而凸起，当面低凹，中心饰一周凸弦纹，内部模印隶书"平城"二字，外饰一周凸弦纹和四组云头纹。瓦当制作规整，字体秀丽，是珍贵的汉平城建筑遗构。

"富贵万岁"瓦当

北魏

直径15厘米

大同市博物馆藏

瓦当胎土质粗，较为疏松，中心有圆形芯，上下各有四枚乳丁纹。模印"富贵万岁"字样，字体与井字线纹模制极不规范，显示出当时的工艺水平。

兽面瓦当

北魏

直径15厘米

山西省大同市操场城北魏一号建筑遗址出土

大同市博物馆藏

泥质灰陶，宽边轮凸起。当面磨光，黑亮，模印兽首，额头饰皱纹，双耳直立，浓眉上扬，瞪目狰狞，獠牙外翻，圆颊隆起，凶猛威严。

融合之路：拓跋鲜卑迁徙与发展历程

忍冬纹鎏金铅铺首衔环

北魏

铺首长13.4厘米，宽13.4厘米，厚3.7厘米

衔环直径9.3厘米，厚0.7厘米

山西省大同市御府工地北魏墓出土

大同市博物馆藏

头上两侧各有一角上扬内卷，两耳竖立，耳部边缘各有四缕鬃毛，双眉上卷，额顶饰有五瓣忍冬。兽面双目怒睁，獠牙外现，十分威猛。整件器物造型优美，工艺精湛，具有鲜明的时代特征。

莲花纹鎏金铜铺首

北魏

铺首直径13厘米，环直径8.2厘米，通高16厘米

山西省大同市东信家居广场北魏墓出土

大同市博物馆藏

器物通体鎏金。铺首为镂空六瓣莲花造型，中央莲蓬位置安装一扣，上挂素面衔环。

莲花纹瓦当

北魏

直径15厘米

山西省大同市操场城北魏一号建筑遗址出土

大同市博物馆藏

　　泥质灰陶，边轮凸起，中间饰有一周莲瓣纹和联珠纹，莲瓣厚重丰硕，造型规整。

莲花忍冬纹砖

北魏

长33厘米，宽26厘米

山西省大同市御东规划路北魏墓出土

大同市博物馆藏

　　砖面纹饰为模制浮雕，以仰莲居中，周饰莲瓣纹，长方形外框外环饰缠枝纹，边际为联珠纹。整个纹饰精细繁缛，布局匀称巧妙，富丽堂皇，反映了当时人们的审美情趣和社会习俗。

莲花瑞兽纹砖

北魏

通长36.7厘米，通高18.1厘米，厚6厘米

山西省大同市操场城北魏一号建筑遗址出土

大同市博物馆藏

　　长方形，纹饰为模制浮雕，正中为双层相套的圆环，内环中心为莲蓬，环绕八个莲瓣，外环为双瓣莲，环外饰联珠纹、忍冬纹。两端各塑一瑞兽，口吐长舌，细尾下卷，沿莲花作行走状。

帝都风华

拓跋鲜卑入主平城之后,除保留本民族文化的特色之外,还逐渐吸收和融合中原文化和域外文化,社会生活的各个方面都发生了显著的变化。经考古发掘,发现的墓葬达百余处,出土文物千余件,这些文物中,既有古拙朴素的陶瓷器、璀璨夺目的金银器,又有别致精美的玻璃器,以云冈石窟为代表的雕塑与造像更是佛教艺术的宝库,它们见证着拓跋鲜卑社会生活从简单走向奢华的历程,同时折射出平城时代北魏的国势强盛与文化繁荣。

大同沙岭北魏墓壁画——宰羊图

大同沙岭北魏墓壁画——出行图

彩绘陶牛车

北魏

车长30.5厘米，宽17厘米，高23厘米

山西省大同市雁北师院北魏墓出土

大同市博物馆藏

  泥质灰陶，模制。牛曲颈伫立，头戴红色笼套，瞪目闭嘴，双角弯曲。鳖甲车车盖呈椭圆形，顶部隆起似鳖甲，车厢两侧各开窗两个。顶部和底板素面，其余厢体的外表均用黑色粗线条饰长方形图案。车厢后方开门两扇，里侧遍涂红色。车轮遍施黑色。

融合之路：拓跋鲜卑迁徙与发展历程

仕俑（男）、仕俑（女）、舞俑、牛拉车、马拉车、骑马俑

北魏

山西省大同市御昌佳园北魏墓出土

大同市博物馆藏

整组俑阵为泥质灰陶，队伍以车马出行为主体，整个队伍排列整齐，威严庄重，生动再现了北魏贵族出行之盛况，是反映北魏礼制文化的实物例证。

彩绘葡萄纹石雕棺床

北魏

长210厘米,高35厘米

山西省大同市公安局指挥大楼工地北魏墓出土

大同市博物馆藏

　　石床呈倒山字形,床足之间前立面上部刻缠枝葡萄俊鸟纹,下刻浪尖纹壸门,石床三足上部雕刻六瓣宝装莲花纹。两端两足下刻一花瓶,内插忍冬花,下部边缘用连续倒置的三角装饰;中间一足下部雕刻一兽面,瞠目獠牙,额顶饰五瓣忍冬纹。棺床通体施红彩,莲瓣等处有鎏金痕迹。

彩绘石雕镇墓兽

北魏
人面镇墓兽高33厘米，底边长57厘米，宽23厘米
兽面镇墓兽高34厘米，底边长60厘米，宽26厘米
大同市博物馆藏

　　石质，头部施彩，蹲伏于长方形踏板之上。一为人面兽身，深目高鼻，脸侧有须，具有西域胡人的特点；一为兽面兽身，双目圆睁，面目狰狞。镇墓兽一般置于墓门两侧，是用以驱魅辟邪、守护墓主人的明器，大同地区北魏镇墓兽沿袭汉晋以来的传统，新出现了人面和兽面组合的镇墓兽，并影响到后期。

莲花纹石灯

北魏

口径12厘米，底径9厘米，高12厘米

大同市博物馆藏

灯盘为圆钵形，灯柱为圆柱形，灯盘与灯柱连接处饰一周凸棱，灯座上部为圆形，刻有覆莲花纹。

石雕帐座

北魏

边长32厘米，高17厘米

山西省大同市石家寨司马金龙夫妇墓出土

大同市博物馆藏

细砂岩石质，覆盆形带方形座，外围雕双童瓣莲花纹，腹部高浮雕蟠龙首尾相逐于山峦之上。方形底座四面浅浮雕环状缠枝忍冬纹和波状忍冬纹，内雕伎乐童子。底座四角各雕一伎乐童子，上身袒露，下着犊鼻裈，帔帛绕臂，胡跪状，持乐器。

龙首铜帐构

北魏

长17厘米，最宽处9厘米

山西省大同市西郊石头村北魏墓出土

大同市博物馆藏

铜质，呈弯钩状，钩头部为龙首形，龙舌外伸，舌尖有孔，钩尾中空可插柄，里面残留木屑，可能为帷帐附件。

龙首铜鐎斗

北魏

口径18.5厘米，通高23厘米，通宽29.5厘米

山西省大同市东信广场北魏墓出土

大同市博物馆藏

宽折沿，深腹，圜底，三蹄足。龙首曲柄，柄与器身之间加铸有金属条，形成穿孔，便于携带。该鐎斗属温器，流行于汉魏时期。

陶井

北魏

通高26.7厘米，底径8.7厘米

山西省大同市御昌佳园北魏墓出土

大同市博物馆藏

陶井由井架和井筒两部分组成。井架呈井字形，上有滑轮，供穿绳之用。井筒呈圆柱状，自上而下收窄，口沿窄平，井壁斜直。井是农耕经济的产物，陶井作为明器，在汉晋墓葬中大量出土，北魏中期墓葬中出现此类器物，一方面是对汉晋墓葬习俗的继承，另一方面是北魏农耕定居文化的体现。

陶碓

北魏

通高8.6厘米

山西省大同市御昌佳园北魏墓出土

大同市博物馆藏

碓为分体式，臼盘呈圆形，杵与弯形碓架杆连接在一起。碓为稻谷脱壳工具，大约发明于西汉。使用时，踏碓人用足踏下杠杆，将碓举起来，利用重力作用为稻谷脱壳。

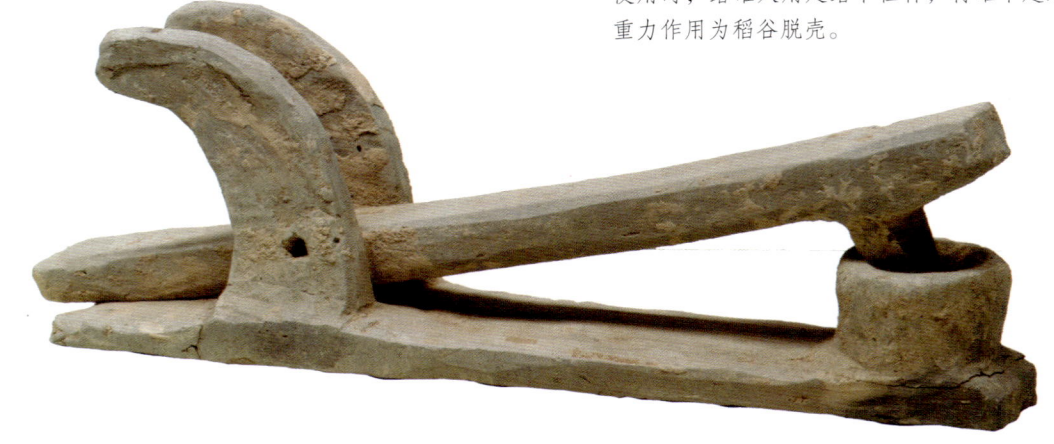

陶磨

北魏

通高4.5厘米，直径13.7厘米

山西省大同市御昌佳园北魏墓出土

大同市博物馆藏

由磨盘和磨台组成，磨盘呈圆形，中间有孔。磨盘边缘有两个凸起柱状物，可能做拉磨用。磨台为束腰圆柱形，四周有用以贯穿的插孔，以便抬举。

陶灶

北魏

高14.9厘米，长21厘米，宽12厘米

山西省大同市东信家居广场二期北魏墓出土

大同市博物馆藏

船形，素面。方形灶门，灶门之上垒阶梯状挡火墙，灶面上设一孔火眼，上置两盆，灶体后端有烟洞。这种造型的灶是魏晋南北朝时期灶的典型代表。

釉陶执盆俑

北魏
通高27厘米，最宽11厘米，厚3.5厘米
山西省大同市御昌佳园沙岭工地北魏墓出土
大同市博物馆藏

男俑呈蹲坐状，头梳高髻，左臂环抱一盆置于膝上。通体施黄釉，釉有剥落。

釉陶持瓶俑

北魏
通高27厘米，最宽11厘米，厚3.5厘米
山西省大同市公安局指挥大楼工地北魏墓出土
大同市博物馆藏

男立俑头戴平顶冠，身穿斜襟长衣，双手拱于胸前，作侍立状。雕塑手法古拙质朴。

彩绘陶耳杯

北魏

通高5厘米，口径7.3~14.8厘米，底径4~7.1厘米

山西省大同市南郊田村北魏墓出土

大同市博物馆藏

杯口呈椭圆形，两端上翘，内施红彩，两边附双耳，双耳微微下倾，平底。耳杯是盛羹及注酒之器，流行于战国至魏晋时期。

灰陶壶

北魏

口径10厘米，底径7.3厘米，高20厘米

山西省大同市南郊北魏墓群出土

大同市博物馆藏

平沿，敞口，细颈，溜肩，鼓腹，下腹斜收，平底。颈部饰凸弦纹数周，其下饰水波纹。肩上部刻竖划纹，肩中部刻凸弦纹夹忍冬纹带一周。腹上部刻网格纹，下有两排压印纹，腹中部刻凸弦纹夹忍冬纹带一周，下饰水波纹和凸弦纹。

青瓷四系罐

北魏
口径17厘米，高19.5厘米，底径14厘米，最大腹径28厘米
山西省大同市公安局指挥大楼工地北魏墓出土
大同市博物馆藏

侈口，圆唇，圆肩，鼓腹下敛，平底。肩部饰两周凸弦纹，两两相对置四系，一组左右相通，另一组上下相通。此罐通体施青釉，有流釉现象，局部未施釉，器身表面有拉坯痕迹。这是魏晋南北朝时期的常见器物，为南方青瓷的典型特征。

彩绘陶樽

北魏
口径13厘米，高10.6厘米
山西省大同市南郊田村北魏墓出土
大同市博物馆藏

圆筒形，直口，方唇，腹微斜收，平底，三兽足。口沿处有两道凹弦纹，器外壁施红彩。此樽为盛酒器，主要流行于战国至西汉时期。

大同市博物馆藏

　　泥质彩陶，左起一、三为男侍俑，分别着红边白襦和白边红襦，头戴黑色垂裙帽，帽顶聚圆，帽裙下垂至肩。身穿左衽交领窄袖长襦，腰间束带，下着窄腿裤。左起二、四为女侍俑，分别着红边白襦和白边红襦，头戴黑色垂裙帽，帽上有十字形阴刻图案，帽裙垂至肩部，帽与帽裙间扎带系结于帽后部。身着左衽交领窄袖长襦，下着素色曳地长裙。

第二章 平城隆业

陶鸡

北魏

通高11.2厘米

山西省大同市御昌佳园北魏墓出土

大同市博物馆藏

呈站立状。鸡首前伸，鸡冠直立，两侧羽翼紧贴身体，尾部高翘。双足合并为柱状，圈足。

陶羊

北魏

通高12厘米

山西省大同市御昌佳园北魏墓出土

大同市博物馆藏

呈站立状，腹中空，腹下开口。前后腿皆捏塑成长方形立板，昂首张口，羊角内弯，体态肥硕。

彩绘陶猪

北魏

长17.3厘米，宽5厘米，通高10.5厘米

山西省大同市雁北师院北魏墓出土

大同市博物馆藏

通体施红彩。体型肥硕，双耳直立，鬃毛高耸，吻部突出，獠牙外翻，短腿，前后腿皆捏塑成长方形立板，短尾紧贴臀部。

彩绘陶狗

北魏

长17.80厘米，宽4.80厘米，通高6厘米

山西省大同市雁北师院北魏墓出土

大同市博物馆藏

通体施红彩，呈卧姿。头侧身，眼斜视，双耳下垂，张嘴，犬牙外露，排列整齐，呈咬物状。前腿向前弯曲，后腿蜷伏，尾巴向前甩至后腿旁。下为椭圆形底座。

火焰纹铜牌饰

北魏

底长12.5厘米，高11厘米

山西省大同市东信家居广场二期工地北魏墓出土

大同市博物馆藏

　　火焰纹是人们对燃烧现象的抽象化概括图案，铜牌饰雕刻是与大自然息息相通的艺术，它的内容题材再现了生活的真实景象，它的艺术风格抒发了匈奴等民族的真实情感。

玻璃串饰

北魏

通长37厘米

山西省大同市东信二期北魏墓出土

大同市博物馆藏

该项饰由蓝色小玻璃珠组成,皆外形浑圆,中间穿孔。扁金饰以小金珠焊缀而成,中间穿孔较大,小玻璃珠则如粟米大小,皆呈扁圆形,金珠等饰物在蓝色玻璃珠串上相间分布,显得更加高贵、典雅。

绿松石串饰

北魏

直径约1.7厘米

山西省大同市交通苑北魏墓出土

大同市博物馆藏

该饰件由四颗不规则方形的绿松石组成,切割面光滑平整,中有穿孔。

对鸟鎏金铜牌饰

北魏

长10厘米，宽8厘米

山西省大同市东信家居广场二期工地北魏墓出土

大同市博物馆藏

鎏金铜质，凤鸟张嘴对鸣而立，羽翼展开，凤尾上翘，呈左右对称分布。凤冠呈锯齿状，凤冠、两翼及尾部则被錾刻出数排点状纹饰作为装饰。牌饰中心和两侧尾部开孔，以供穿钉。应为室内或者棺板装饰。

丝路明珠

　　北魏太延五年（公元439年），太武帝灭北凉，因魏晋战乱割据而阻塞的丝绸之路重新畅通，东来弘法的僧侣、从事朝贡贸易的使团往来不绝。北魏推行的一系列倡兴佛教的政策促进了平城佛教及其相关的文化艺术迅速发展，佛教造像种类繁多，佛寺建筑气势恢弘。往来于丝绸之路的朝贡使团和商旅不断地将不同地区的众多物产、工艺技术与音乐美术等输入，这些域外文化丰富了平城的社会生活，北魏平城成为丝路上一颗璀璨的明珠。

北魏时期丝绸之路路线图

　　鄂尔多斯沙漠南缘在北魏平城时代是西域诸国的使节和商人自河西走廊前往平城的必经之路。西域诸国对平城的朝贡活动始于太延元年（公元435年）。中亚指葱岭以西至今阿富汗和俄罗斯境内的中亚细亚地区，即今中亚五国为核心的亚洲内陆地区。西亚指上述地区以南、西迄地中海沿岸的亚洲部分。

联珠纹五铢金币

北魏

直径 2.25 厘米,厚 0.1 厘米

山西省大同市天镇县文管所藏

　　金质,圆形方孔钱,有内外郭。两面皆阳文篆书"五铢"。"五"字中间两笔缓曲,上下两横较长,"铢""金"字旁头三角形小而尖,"朱"字上下均为方折形。上下有对称的横"S"形纹饰,四角有圆框,钱背面左上角的圆框里有镶嵌宝石的痕迹。

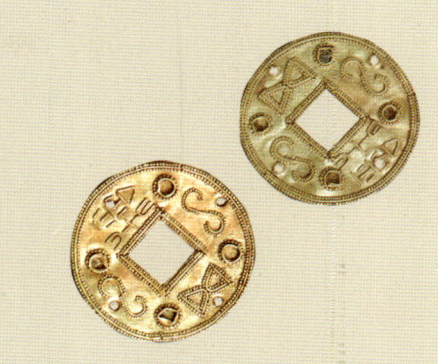

波斯银币

北魏

直径2厘米

山西省大同市考古研究所藏

　　银币为波斯萨珊卑路斯王时期的货币,由不同的印模压印而成。这两种类型的银币背部花纹都为拜火教的祭坛,坛上有火焰,火焰两侧为五角星(或六角星)和新月,祭坛两侧各有相对而立的祭司一人,左右祭司背后皆有铭文,左侧为纪年铭文,右侧为铸币地点,图案外围同样有联珠纹圈饰。

波斯银戒指

北魏

山西省大同市东信家居广场二期工地北魏墓出土

大同市博物馆藏

戒圈和戒托为银质，装饰有螺旋状纹饰，戒圈为中间粗、两端细的圆环。戒托中央镶嵌一枚宝石，上用线条阴刻出女王头像，深目高鼻，头发卷曲。此物应为西方舶来品。

嵌绿松石金饰

北魏

长4.5厘米，最宽2厘米

大同市博物馆藏

饰件为椭圆形环状，中间粗、两端细，开口，两端各有一穿孔。柱体上左右对称分布圆形和水滴形托，中间镶嵌绿松石。托底部环绕一匝联珠纹小金珠。饰件外沿等距分布三个乳突状凸起，在凸起底部和口沿均环绕一圈联珠纹小金珠，口沿镶嵌绿松石。此饰件应为造型抽象的两回首瑞兽纹耳坠。

银耳杯

北魏

长12.9厘米，宽7.2厘米

山西省大同市小站村封和突墓出土

大同市博物馆藏

椭圆形，锤揲而成，两端上翘，两侧杯耳微微下斜，略低于口沿，耳边有双排联珠纹，杯底有椭圆形圈足。耳杯是中国古代传统饮酒器。此耳杯为银质，并有联珠纹，显然是受到西域外来文化影响的产物。

花卉人物纹金盘

北魏

直径12厘米，通高1.7厘米

大同市博物馆藏

盘敞口，平沿，浅腹，平底。盘底锤揲环绕缠枝桃形叶纹，内有四位希腊神话人物形象：两位半人马拉战车，其中一位右手叉腰，左手紧握号角作吹奏状；战车上两位呈立状，前者右手握权杖，左手托物，后者左手托物，右手握杵。所有人物均深目高鼻，须发卷曲浓密，肌肉隆起，健壮勇猛，具有明显的希腊罗马雕塑艺术风格。

蜻蜓眼玻璃珠

北魏

直径2厘米

山西省大同市东信家居广场二期北魏墓出土

大同市博物馆藏

　　玻璃质，圆形。深蓝色玻璃基体上嵌两周白色玻璃料同心圆，看起来就像蜻蜓眼，故称蜻蜓眼玻璃珠。整个珠子上均匀分布数十个"蜻蜓眼"，中间有孔，可供穿挂。

　　蜻蜓眼玻璃珠起源于西亚、欧洲地中海地区，后传至世界各地。这两个蜻蜓眼玻璃珠，根据成分和形貌特征推测，应直接受到同时期东南亚爪哇国工艺的影响。

玻璃小钵

北魏

直径4.9厘米，高2.7厘米

山西省大同市迎宾大道北魏墓群出土

大同市博物馆藏

　　玻璃，深蓝色，整体呈半球形，圆唇，圜底，器型精巧别致。

玻璃小瓶

北魏

通高 5.2 厘米，口径 2.7 厘米，底径 3 厘米

山西省大同市东信家居广场二期北魏墓出土

大同市博物馆藏

玻璃，深蓝色，器型小巧，吹制而成。素面，口沿外卷，矮颈，肩部略宽，腹部圆鼓，平底。

嵌玻璃釉陶罐

北魏

腹径16.4厘米，口径12.5厘米，底径7.9厘米

山西省大同市御昌佳园北魏墓出土

大同市博物馆藏

盘口，束颈，圆肩，弧腹，平底。通体施黄褐釉，颈肩部饰两周陶索纹和数周凸弦纹，陶索纹夹带之间相间镶嵌圆形、菱形和桃形玻璃，玻璃外围饰一周联珠纹。

彩绘陶女舞俑

北魏

通高22厘米，宽23厘米，厚3.5厘米

山西省大同市雁北师院北魏墓出土

大同市博物馆藏

　　女俑头戴垂裙皂帽，面目圆润，耳有饰物，内着白色长襦，外着一件红色左衽半袖长衫，长裙曳地，双臂甩长袖，呈舞姿状。

胡人伎乐俑

北魏

通高24~26厘米，宽10~13厘米，厚4厘米

山西省大同市御昌佳园北魏墓出土

大同市博物馆藏

此组伎乐俑共七人，均为胡人形象。胡人深目高鼻，身着圆领窄袖长袍，腰系革带，肚臀外凸，袍边底部侧摆开叉，双腿分开，与肩同宽，足登靴。最右一人头戴风帽，其余皆将头发挽成发髻置于额上。中间一人左手叉腰，抬头，将右臂举至头顶作顶橦状，其余持排箫、琵琶、鼓等乐器演奏。这组伎乐俑是典型的西域舶来品，是中西文化交流的象征。

盛乐旧都

　　盛乐是拓跋鲜卑的龙兴之地。北魏定都平城之后，仍以盛乐为旧都，即夏都。北魏早、中期的皇帝几乎每年夏天都要回到盛乐，祭拜皇陵金陵，在阴山之中建有行宫广德殿，形成了固定的北巡之俗。为了加强盛乐的军事防御，太武帝拓跋焘于5世纪30年代初于盛乐设置云中镇、朔州，管理盛乐及其以北的阴山、漠南地区。同时，北魏在贺兰山—阴山—燕山东西一线设置六镇，形成对盛乐—平城的拱卫之势。

和林格尔县土城子古城遗址

和林格尔县土城子古城遗址位于内蒙古呼和浩特市和林格尔县北10公里处，平面整体呈不规则长方形，东西1450米，南北2290米，面积约4平方公里。该古城分南城、北城、中城三部分。经考证，南城为西汉定襄郡郡治成乐县，东汉时划归云中郡；北魏沿用了南城，并新建中城，于太和十八年之前设置为朔州云中郡郡治，又名石卢城；唐代新建了北城，为单于大都护府治城。

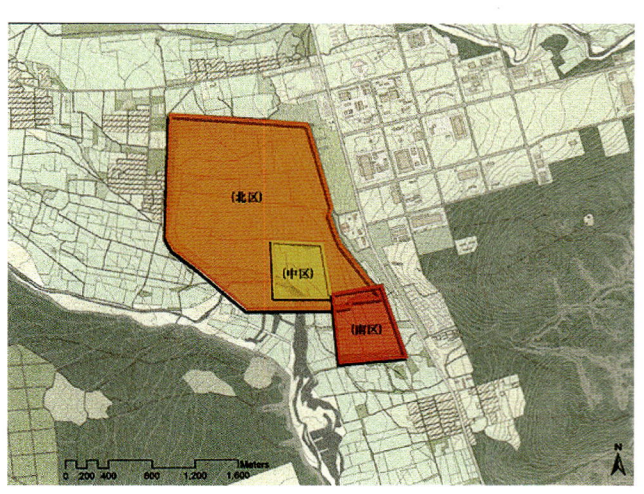

土城子古城平面示意图

云中郡故城航拍（上为东）

双鹿纹铜饰牌

北魏

长10厘米，宽7.5厘米，厚0.2厘米

内蒙古呼和浩特市托克托县云中郡故城采集

托克托县博物馆藏

铜质，整体造型呈长方形。铜饰牌内两边分布有相同的鹿，四周分布有相同圆圈。

人物纹券墓砖

北魏

残长22.5厘米，宽15.7厘米，厚5.1厘米

内蒙古呼和浩特市托克托县苗家窑北魏墓出土

托克托县博物馆藏

砖面图案为模制，高浮雕。横面上为忍冬纹，其中一侧面饰一站立的佛像，高肉髻，口鼻部刻划略显粗率，身披通肩衣饰，两脚向右，下踩踏莲花，右臂高举，左臂弯曲向下。

北魏时期，佛教盛行，普通民众死后亦向往西游佛国坐莲台。

忍冬纹券墓砖、联珠人物纹墓砖

北魏

长31.8厘米，宽16.5厘米，厚5厘米

长22厘米，宽16.2厘米，厚5.1厘米

内蒙古呼和浩特市托克托县苗家窑北魏墓出土

托克托县博物馆藏

此砖一横面上饰高浮雕纹饰。

莲花纹瓦当

北魏

直径10.5厘米,厚1.5厘米

内蒙古呼和浩特市托克托县云中郡故城出土采集

托克托县博物馆藏

瓦当面上为八瓣花,双层。每瓣中各有三道脊线,一长两短,以示肥厚,中心高起的乳突以示花蕊。从装饰风格分析,此件应为北魏早期的遗物。

莲花纹瓦当

北魏

直径14.3厘米

内蒙古包头市固阳县城圐圙古城出土

包头博物馆藏

建筑构件。灰陶。瓦当廓边较宽,正面饰八等分重瓣莲花纹,莲瓣短而肥,中心子房较大,并作凸起状,立体感很强。

莲花纹三角砖

北魏

边长29厘米

内蒙古包头市固阳县城圐圙古城出土

包头博物馆藏

铺地砖。灰陶。三角形,中心饰六等分重瓣莲花,花瓣肥大,圆形子房作凸起状,立体感强,三个角各饰有一朵莲瓣。

北魏六镇略图

北魏六镇与中原所实行的州、郡、县管理制度不同，六镇推行的是镇、戍二级军事管理体系。早期六镇，分为西、东各三镇，西三镇自西向东为薄骨律、沃野、黑城(后改为怀朔镇)，东三镇自西向东为柔玄、怀荒、赤城。怀朔镇始建于延和二年(公元433年)，其他五镇也大体设置于这一时期。献文帝拓跋弘皇兴四年(公元470年)，北魏大破柔然于女水(今包头市达尔罕茂明安联合旗希拉穆仁河上游召河)，为了纪念此次胜利，将女水改名为武川，不久在女水之滨设武川镇，在弱洛水(今乌兰察布市四子王旗希拉穆仁河上游大黑河)之滨设抚冥镇。这样，六镇演变为八镇，自西向东依次为薄骨律、沃野、怀朔、武川、抚冥、柔玄、怀荒、赤城(后为御夷镇取代)八镇，但习惯上仍称六镇。六镇中，沃野、怀朔、武川、抚冥、柔玄五镇的镇城都在今内蒙古境内。

北魏疆域示意图

陶盆

北朝

口径51厘米，通高31厘米，底径24厘米

内蒙古呼和浩特市武川县坝顶遗址出土

内蒙古自治区文物考古研究院藏

泥质灰陶，敞口，叠唇，沿略上弧，斜直壁内收，平底。口沿下从右向左刻划有"廣纳戍"三字，字迹清晰完整。

陶壶

北朝

口径12.3厘米，通高36.5厘米，底径12.8厘米

内蒙古呼和浩特市武川县坝顶遗址出土

内蒙古自治区文物考古研究院藏

泥质灰陶，侈口，沿外卷，方唇外斜，高领束颈，溜肩，鼓腹，斜直壁内收，平底。

陶罐

北朝

口径14.7厘米，通高32.5厘米，底径14.5厘米

内蒙古呼和浩特市武川县坝顶遗址出土

内蒙古自治区文物考古研究院藏

泥质灰陶，口微外侈，平沿，圆唇，短颈，溜肩，鼓腹，斜直壁内收，平底，肩部与腹部分别饰有两周凹弦纹。

神兽纹金项饰

北魏

长方形：长6.3厘米，宽3.8厘米

细长条：长6.6~7.8厘米，宽0.9~1.1厘米

内蒙古呼和浩特市土默特左旗水磨沟墓葬出土

内蒙古博物院藏

  由薄金片裁剪成型，模压花草、菱形纹图案。同组合出土的还有神兽纹月牙形金饰片、半圆形金饰片。

金项饰

北魏

半圆形：两端宽2.9厘米，金饰宽0.9厘米，通高6.5厘米

桃形：高1.7厘米，宽2.2厘米，总重5.5克

内蒙古乌兰察布市化德县陈武沟墓地出土

内蒙古自治区文物考古研究院藏

  半圆片状，两端突圆，施有穿孔，下方的中部方突。饰件正面依其形状施四道突棱纹，下方突出的正中施竖向的两端圆起条状的纹。

  桃形饰片两件，上端各施一孔，在饰片正面中间施竖向条纹一道，以此条纹为中心，左右对称施半心形双线条纹。

陶壶

北魏
腹径16厘米，底径7.4厘米，残高19.5厘米
内蒙古乌兰察布市化德县陈武沟墓地出土
内蒙古自治区文物考古研究院藏

　　口残，泥质灰陶，细颈，弧肩，上弧腹，下腹斜收，平底，颈肩相接部划刻有细凹弦纹，器身饰竖向压光条纹。出土时，此物位于头骨的右上侧。

喇叭口灰陶壶

北魏
口径17.8厘米，高43.5厘米，腹径28厘米，底径13.2厘米
内蒙古乌兰察布市察哈尔右翼中旗七郎山墓地出土
乌兰察布市博物馆藏

　　泥质灰陶，喇叭口状，便于盛酒和水，长弧颈的设计有利于手持，起到助力作用，鼓腹形状增加了储存空间，瓶身素雅大气，体现出六百年前人们的审美及实用性的追求，是魏晋时代的随葬品。

　　丧葬文化在中国历史上占据重要地位，中国人深受儒家思想的影响，秉持"死者为大"的理念。人们非常重视死后的殊荣，丧葬仪式同样代表了治丧者和逝者的身份等级。因此，丧葬文化的特殊性在于中国封建社会的礼法制度上，魏晋的丧葬文化亦是如此，崇尚"事死如事生"。

野猪纹圆形金饰

北魏

直径4.4厘米,厚1厘米

内蒙古呼和浩特市和林格尔三道营乡另皮窑村墓葬出土

内蒙古博物院藏

器物表面锤揲出野猪行走的形象,鬃毛由额至后脊扇形排列,尾卷置臀部偏上,野猪形态似饱食之后的安然自得之态。野猪纹外侧饰一周旋纹,锤打平整,饰一周角纹边饰,向下作弧形内卷。总体呈现半浮雕效果,写实性强。此类半浮雕工艺大约在公元3世纪沿着草原丝绸之路由波斯地区传入中国。

神兽纹包金铁带饰

北魏

钩长9.3厘米,宽6.4厘米,厚2厘米,扣长7厘米,宽5.7厘米

内蒙古呼和浩特市土默特左旗讨合气村出土

内蒙古博物院藏

整套器物由带环、带扣和带饰组成。包金皮为模压锤揲制成,内包铁芯。带扣正面高浮雕神兽纹;带环表面为祥云,镂孔呈月牙状,为神兽口部,即为穿孔处。带饰为山字形祥云纹饰。

联珠纹小金钟

魏晋

高1.65厘米，宽1.1厘米，厚0.5厘米

内蒙古呼和浩特市土默特左旗征集葬出土

内蒙古博物院藏

此装饰物呈钟形，以联珠纹形成"S"形纹饰，两侧对称分布。

管状金饰

北魏

直径1.7厘米，高1.3厘米

内蒙古呼和浩特市和林格尔三道营乡另皮窑村墓葬出土

内蒙古博物院藏

金片打制，焊接金珠后再加镶嵌，后圈包成器，是套在其他器物上的饰件。分上下两节，分节部分用细薄金片周箍一圈，形成凸起，界线分明。每节又用细薄金片作四个小圆圈，四面对称焊接，上下两排小圆圈作错位排列；管状器壁上的穿孔用以固定镶嵌物。上下口部的箍圈，焊在外缘下侧，上下边缘各焊一圈联珠纹。

剑璏

魏晋

长8厘米，宽2.3厘米，厚1.65厘米

内蒙古呼和浩特市和林格尔县出土

内蒙古博物院藏

玛瑙质，呈长方形，前宽后窄，下有一长方形凸出，内钻扁方形穿孔，以供革带穿系。

剑璏属玉具剑的一种，通常与剑首、剑格和剑珌为一组。剑首镶嵌于剑柄之首端；剑格于剑鞘与剑柄交界处；剑璏固定在剑鞘上，供穿系革带以连结腰间的器物；剑珌嵌于剑鞘末端。

玉具剑由春秋战国兴起，至汉代达到极盛，汉以后逐渐衰落，甚至消失。历史上，它是一种代表贵族身份的宝物，也是一种珍贵的馈赠礼品。

鹿纹铜带饰

北魏

銙长4.5厘米，宽2.7厘米，厚0.5厘米，扣长6.5厘米

内蒙古二连浩特市盐池墓葬出土

二连浩特市文化馆藏

青铜质，由十四个带板和一个带扣组成，均为长方形，带板面浮雕奔鹿纹，背面有一圆形穿孔，四角分别有一乳丁，扣镂雕，头部有椭圆形环，平行置两个钩，钩头略向外弯曲。铸工精细，表面光滑，青灰色。图案是对称双鹿。这种青铜透雕动物形饰件，是北方诸多少数民族共有的一种遗物。

青铜帐钩

北魏

长14.5厘米,宽7.3厘米,高1.7厘米

内蒙古锡林郭勒盟正镶白旗伊和淖尔M3墓出土

锡林郭勒博物馆藏

青铜质,钩头呈龙首样式,长颈中间饰有圆形凸棱,尾部一侧有圆形孔,銎口呈圆形,残留有木柄,主要用于固定帷幔枝杆上,起到装饰和加固的作用。

铜马镫

魏晋

通高21厘米,通宽15.5厘米,踏板宽2.9厘米

通高21.2厘米,通宽15.6厘米,踏板宽3.1厘米

内蒙古鄂尔多斯市征集

内蒙古博物院藏

上端为长柄,有一横穿,用于固定,下端踏板处较窄,为早期马镫的典型特征。马镫是坐骑上的重要部件,可使人们骑马时保持身体的平衡和稳定,无论是日常生活,还是对敌作战,马镫都起到了很大作用。

鸡鸣驿壁画

北魏

边框长106厘米,宽72厘米

边框长150厘米,宽103厘米

内蒙古呼和浩特市和林格尔县鸡鸣驿北魏壁画墓出土

和林格尔县文物保护中心藏

和林格尔县鸡鸣驿北魏壁画墓位于今呼和浩特市和林格尔县大红城乡鸡鸣驿自然村东1.5公里处。此壁画题材以写实为主,包括入仕升官、宴居生活、游牧狩猎、故去升天等五部分。从壁画所绘的人物服饰分析,都着前面开衩的宽袖长衫和短衫,成年男子头戴冠帽,脚穿靴,他们的服饰具有鲜卑色彩与汉服特征并存的特点,反映出他们与中原服饰文化的深度交融。

敕勒川狩猎壁画

第二章 平城隆业

敕勒川狩猎壁画

嵌松石卧羊金戒指

北魏

高4.2厘米,宽2.3~3厘米

内蒙古呼和浩特市赛罕区美岱村北魏墓出土

内蒙古博物院藏

戒面饰一圆雕卧式盘角羊,身体各部位由联珠组成的图形勾勒而成,镶有松石;戒面两侧亦为联珠组成的兽面形图案。

金珠饰件

北魏

直径0.7厘米,高0.8厘米

内蒙古锡林郭勒盟正镶白旗伊和淖尔墓葬出土

锡林郭勒博物馆藏

金质。由宝瓶形串珠和鼓形坠组成。宝瓶形串珠有圆形穿孔,穿孔外沿饰随形联珠纹,中部有弦纹焊接的痕迹,通体光素无纹;鼓形坠腹部有平行的宽檐,中间布列有圆形托座,口沿上下缘及宽檐外均饰有联珠纹。

双羊纹金饰牌

北魏

长9.5厘米,宽7厘米,重90克

内蒙古呼和浩特市赛罕区添密梁北魏墓葬出土

呼和浩特博物院藏

  金质，整体呈长方形，采用透雕工艺。从现状推断，原羊眼和正中轮心应有镶嵌，现已遗失。长方形边框内的双羊对立，作衔轮状，四肢内屈，弯成轮形。中间竖向排列三轮，自上而下构成五轮。主体纹饰中的双羊，盘角，大眼，轮廓分明，肌肉紧致，刻画清晰，似乎可感受到扑面而来的蓬勃生命力。羊是鲜卑文化中常见的装饰题材，这件文物与内蒙古其他地区出土的鲜卑饰牌造型相似，但轮状装饰物的运用应是融合了其他民族多种文化因子，是多元要素融合后的产物，体现了当时制作者的巧妙设计和精湛工艺水平。

心形金饰片

北魏

厚0.2厘米

内蒙古锡林郭勒盟正镶白旗伊和淖尔墓葬出土

锡林郭勒博物馆藏

金质。采用捶打、焊接等工艺技法制成。其造型奇特灵巧。表面以金线勾勒出心形和瓜子形的轮廓，外缘饰以联珠纹，镶嵌物多数缺失，外圈上下部有半圆形装饰，上有穿孔。

铜鎏金铺首衔环

北魏

铺首通长16.5厘米，衔环直径12.2厘米

内蒙古锡林郭勒盟正镶白旗伊和淖尔墓葬出土

锡林郭勒博物馆藏

铜质，通体鎏金。该组铺首为棺木上的装饰物，衔环兽面上方装饰有飞天及双龙图案。

融合之路：拓跋鲜卑迁徙与发展历程

镂空圈足铜鍑

北魏

高17厘米，口径11.5厘米，足径7.8厘米，腹径12.5厘米

内蒙古呼和浩特市太平庄美岱村古墓出土

内蒙古博物院藏

　　直口，深腹，圜底，镂空喇叭形圈足，素面。铜鍑是早期游牧氏族部落最重要的生活用具，在欧亚大陆草原地带广为流行，是早期游牧文化最具代表性的器类。铜鍑的作用亦很广泛，除可作为烹饪炊具和盛煮器之外，部分也可作为礼器，用来表明使用者的身份和等级。

人物铁灯

北魏

顶部高32.5厘米，直径18.2厘米，底部高16.5厘米，直径20厘米

内蒙古锡林郭勒盟正镶白旗伊和淖尔墓葬出土

锡林郭勒博物馆藏

　　铁质，由灯盏和灯座组成，灯座呈网状，灯油残留物中，有羊油与蜂蜡两种成分。

陶瓶

北魏

口径6.5厘米，底径5厘米，高15.5厘米，腹径11厘米

内蒙古包头市固阳县征集

包头博物馆藏

生活用具。泥质灰陶。口沿已残，喇叭口，细颈，鼓腹，平底。肩部饰一圈凸弦纹，上腹部饰一圈刻划弦纹。

陶罐

北魏

口径10厘米，底径7.5厘米，高15.5厘米，腹径13厘米

内蒙古包头市吴家圪旦采集

包头博物馆藏

生活用具。泥质灰陶。口部用石膏做了修复，平沿，浅盘口，直颈，鼓腹，平底。颈部饰竖道暗纹，肩部饰两道凹弦纹及一周波浪纹，腹部通体饰斜向暗纹组成的网状纹饰。

彩绘牵牛车灰陶俑

北魏
牛高12厘米，牛车长20厘米，宽12厘米，俑高15.5厘米
内蒙古呼和浩特市大学路出土
内蒙古博物院藏

  呼和浩特市大学路墓葬即北魏晚期墓葬，墓中出土了一组彩绘牵牛车灰陶俑。

舞乐陶俑

北魏

最高19.8厘米，最低15.5厘米

内蒙古呼和浩特市大学路出土

内蒙古博物院藏

　　舞乐俑头戴风帽，穿长袍，做出吹、拉、弹、舞的动作，虽然陶俑手中乐器已失，但仍是研究鲜卑族音乐舞蹈艺术的珍贵实物资料。北魏时期的乐舞在继承中原传统文化的同时，吸收西域乐舞特点，同时也受到佛教艺术的影响，形成元素丰富的成熟的乐舞艺术，为隋唐乐舞艺术的发展奠定了基础。

铜钱

北齐

直径2.4厘米，孔径0.8厘米，厚0.2厘米

内蒙古呼和浩特市武川县坝顶遗址出土

内蒙古自治区文物考古研究院藏

青铜质，方孔圆钱，面文"常平五铢"，篆书，对读。正面锈蚀，有较多黄绿色锈，钱文清晰可辨。背素面，内外郭凸出，锈蚀严重。

石砚

北魏

长13.5厘米，宽12.5厘米，高6.5厘米

内蒙古包头市固阳县城圐圙古城出土

包头博物馆藏

文房用具。石质，长方形，平底，下附四个四方足，一足缺失，砚面中上部深挖三瓣花朵形砚池，有使用痕迹，外廓饰双圈弦纹，充分体现了北魏时期北方地区砚台的沉稳厚重之感。

铜铃形饰

北朝

直径7厘米，厚0.8厘米

内蒙古乌兰察布市察哈尔右翼中旗七郎山墓地出土

乌兰察布市博物馆藏

　　铜质，上部置方形扣，方形扣下部饰兽首纹，为浮雕式，下部为圆牌状，牌中心为一乳凸，外区为对称式镂空叶形纹，外缘饰叶脉状线纹，周边置六枚对称球铃（现残损严重）。

　　铜铃形饰是中国古代常见的一种装饰品，佩戴在动物身上或者装饰在车马具上，车动铃响，声音悦耳，节奏分明。古人认为，铃声响起，为的是给车主带来万福，也可以被看作是车主身份的象征。此外，战马也会佩戴铃铛，将军的马铃铛有"得胜铃"的说法。

融合之路：拓跋鲜卑迁徙与发展历程

呼和浩特市武川县坝顶北魏祭天遗址

太和十八年（公元494年），孝文帝拓跋宏准备迁都洛阳，于七、八月间北巡盛乐及阴山地区，期间举行了祭祖、祭天、讲武、安抚北镇军民等活动。位于阴山山脉中段大青山之巅的坝顶遗址，经过内蒙古自治区文物考古研究院于2019—2022年的考古发掘，初步被推断为孝文帝北巡路线上遗留下来的重要遗存，应与"行幸阴山，观云川"祭天活动有着密切的关系。坝顶遗址的发掘及其性质的认定，填补了魏晋南北朝时期皇家祭天遗存的空白。

第三章 洛邑重辉

　　洛阳位于黄河中游伊洛平原中心地区，因地处洛河之阳而得名。北魏太和十八年（公元494年），孝文帝将都城从平城迁到洛阳，开启了历7帝、享国40年的洛阳时代。

　　迁都是其汉化改革的重要环节，拓跋鲜卑学习中原文化、儒家思想，使其与自身的民族文化交汇融合，推动了当时社会经济和文化的发展，开创了北魏洛阳时代。

　　据史籍记载，洛阳当时是国际大都会之一，西域百国千城，纷至沓来，商胡贩客众多，天下之货悉备，一派繁荣昌盛景象。洛阳成为北魏时期民族、艺术、宗教文化融合的熔炉。

洛阳营建

北魏洛阳城是在前代洛阳城基础上增改而成的，由宫城、内城、外郭城三重城垣组成，规模宏大，总面积约100平方公里。宫城正殿为太极殿。宫城外为内城，分布着众多官署、贵族宅第、朝廷祭祀场所和皇家佛寺。最外层为外郭城，街巷布局以里坊制为主，里坊区内还建置有"大市""小市"和"四通市"等工商业区。北魏洛阳城的规划布局科学合理，对后世隋唐长安城和洛阳城的建设影响深远。

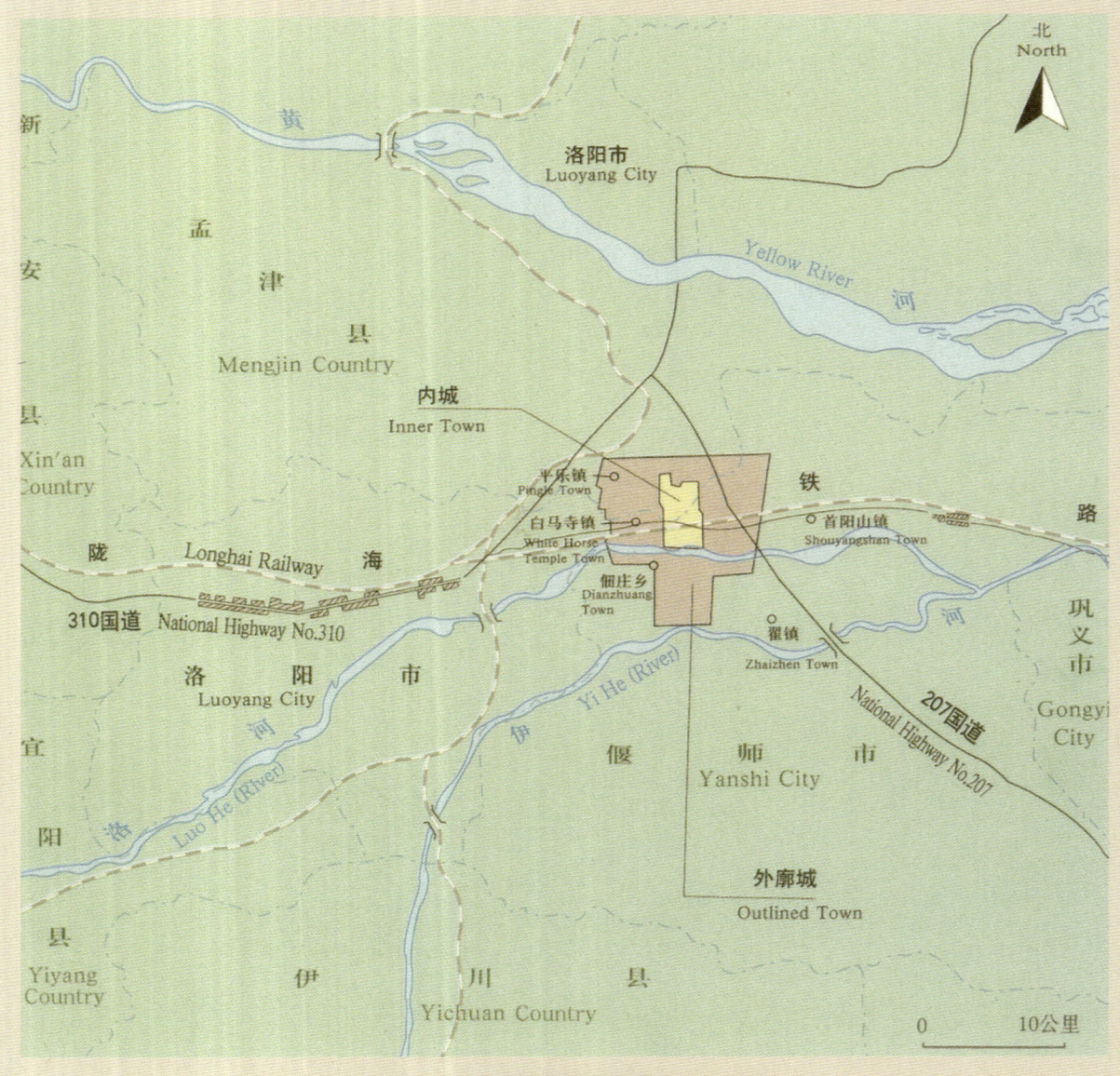

汉魏洛阳故城位置示意图

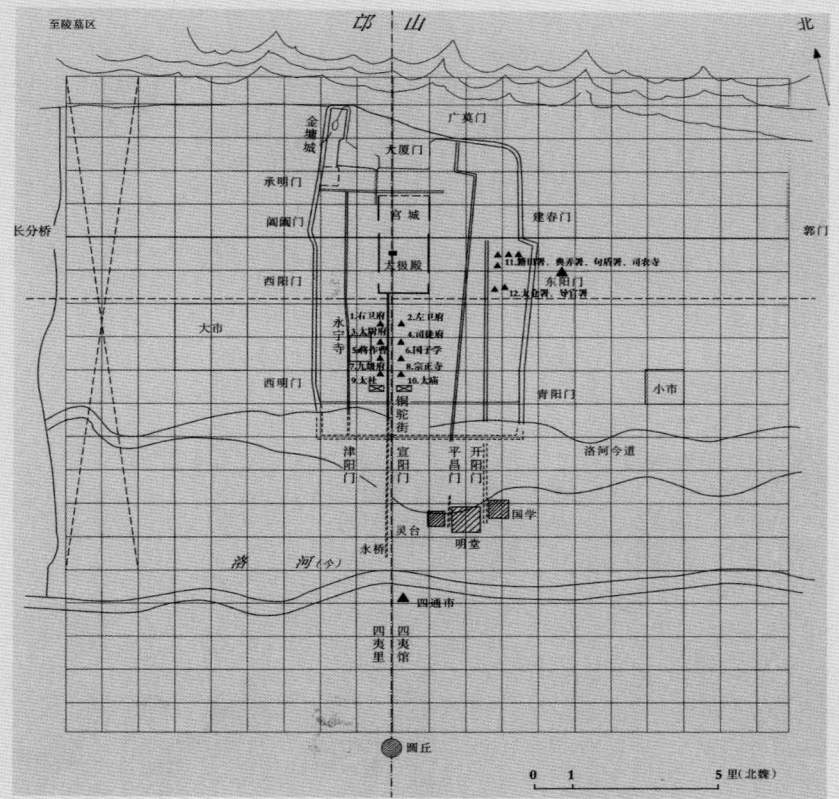

北魏洛阳城规划复原示意图

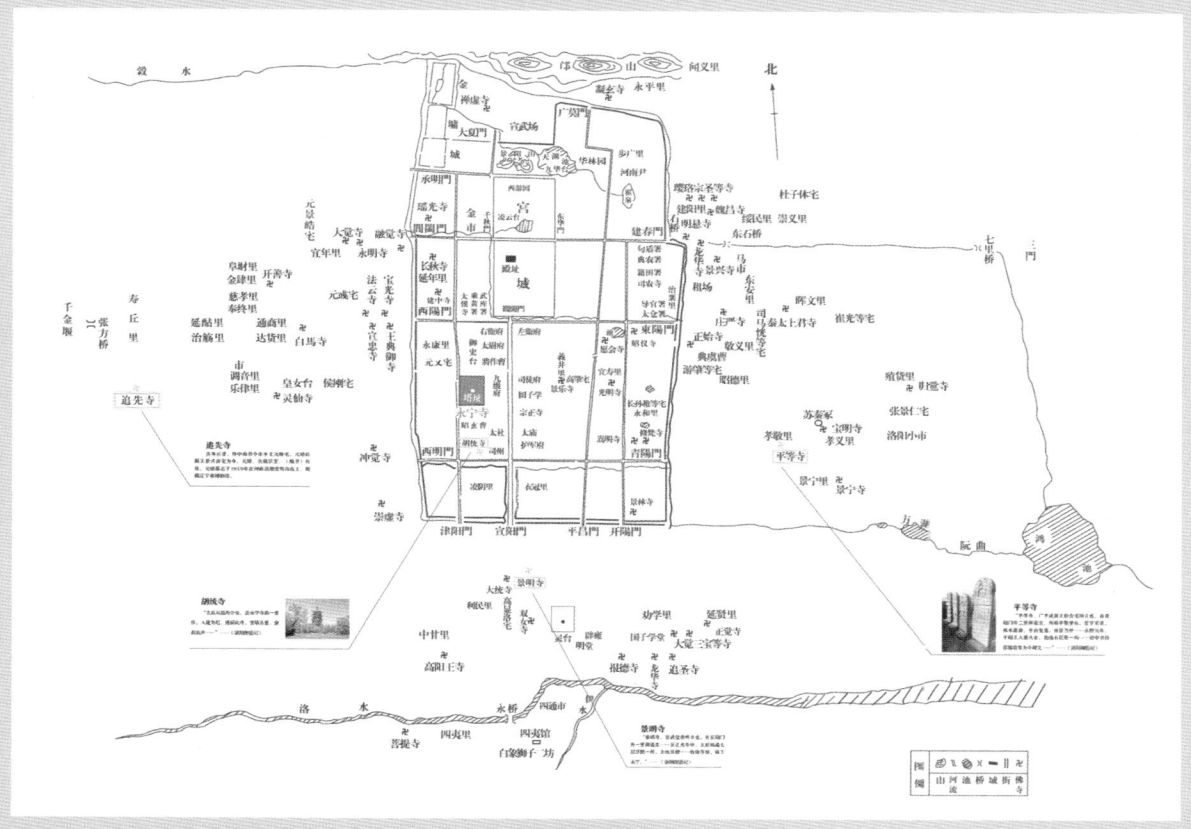

北魏洛阳伽蓝图

板瓦

北魏

残长37.5厘米，宽35.5厘米，厚2.6厘米

河南省洛阳市汉魏故城阊阖门遗址出土

洛阳博物馆藏

泥质灰陶，呈深灰色，凸面细腻，凹面较为粗糙。宽端有波浪纹作为装饰，应为檐头瓦。

素面板瓦

北魏

长49.8厘米，宽30厘米，厚2.9厘米

河南省洛阳市汉魏故城遗址出土

洛阳博物馆藏

筒瓦瓦胎为鲜亮的青灰色，凸面磨光，凹面有布纹。

条砖

北魏

长40厘米

河南省洛阳市汉魏故城遗址出土

洛阳博物馆藏

长方形制，素面，下角处略有破损，较有厚度，多为用品材料。

兽面纹瓦当

北魏

直径14.9厘米，厚2.9厘米

河南省洛阳市汉魏故城阊阖门遗址出土

洛阳博物馆藏

泥质灰陶，宽边轮凸起，内有一怒目圆睁的兽面纹。兽首额头宽阔圆润，额面有四条抬头纹。两眉倒竖，双眼在上下睑衬托下炯炯有神。两耳孔朝前直立，紧贴于眼睛外侧。短鼻紧凑，环状鼻孔。大口咧开较宽，两条曲线将口唇一周分为内外三重，口中露出上门齿六颗与上下各两颗獠牙，舌头下垂微露。口唇一周略显卷曲的短虬须，形象十分逼真。

六瓣宝装莲花纹瓦当

北魏

直径13厘米，厚3.6厘米

河南省洛阳市汉魏故城西郭城出土

洛阳博物馆藏

泥质灰陶，宽边轮凸起，瓦当中心有一乳钉，四周环绕一圈联珠纹，形成花蕊状，外环饰一周双层双瓣莲花纹和联珠纹，莲瓣肥硕，线条圆润舒畅，图案自然大方。

梵音佛韵

东汉时，佛教传入中原，至魏晋南北朝时期达到了空前的发展。北魏王朝崇尚佛法，入主中原后，更把佛教定为国教，并大力提倡，形成了社会各阶层皆崇佛的局面。洛阳在佛教文化和艺术传播的中心地位更加显著，都城内外寺院林立，盛极一时，至今仍有众多遗迹留存，尤以永宁寺和龙门石窟最为雄伟壮观。

龙门石窟壁画《皇昭皇后礼佛图》（现藏于美国纳尔逊——阿特金斯艺术博物馆）

洛阳龙门石窟

莲花化生童子瓦当

北魏

直径15厘米，厚1.7厘米

内蒙古呼和浩特市托克托县云中郡故城出土

托克托县博物馆藏

童子像在瓦当面上所占长度为8.5厘米，最宽部位6厘米。童子面阔圆润，高鼻，双耳垂肩，表情恬淡，呈慈祥之感。上身裸露，颈部戴项饰，双手持华绳。此瓦当构思奇巧，刻画生动，具有早期佛教造像艺术风格，是中国古代瓦当中极为难得的珍品。

洛阳龙门石窟

二佛并坐石雕像

北魏
高14.8厘米，宽9.7厘米，厚4厘米
内蒙古呼和浩特市托克托县云中郡故城出土
托克托县博物馆藏

以减地法雕刻而成，碑额呈圆弧形，龛楣上浅浮雕火焰纹图案。龛内释迦佛与多宝佛结跏趺端坐于须弥座上，身后各有背光。座下有两只呈昂首翘尾状的狮子顶着须弥座。座下正中置香炉，有六人分别跪坐两旁，似在听法。从雕刻风格上看，应为北魏早期的遗物。

双佛铜造像

北魏
通高12.5厘米，底座宽5.8厘米，厚3.6厘米；带佛头厚度0.7厘米，单背板厚0.35厘米
内蒙古呼和浩特市托克托县云中郡故城出土

内蒙古博物院藏

为二佛并坐像，源于北魏佛教盛行的《法华经》。《法华经》中有描绘多宝佛与释迦佛于七宝塔中对坐讲经的场景。北魏统治者为了控制思想，宣扬皇帝就是如来，"拜佛如同礼皇帝"。北魏孝文帝执政时，太后冯氏临朝，并称"二圣"，由此出现二佛并坐的新布局，可印证当时的政治形势。

泥塑佛头

北魏

外框：长28厘米，宽18厘米；左：长5.6～6厘米，宽5.5厘米；中：长10～16厘米，宽5.5厘米；右：长5.6～6.5厘米，宽4.5厘米

内蒙古包头市固阳县城圐圙城址出土

包头博物馆藏

　　青灰色泥为外胎，黄胶泥为夹心，模制成胎后修整着色，主要用红、黑、白三色。左、右两件均为束发，圆脸，细眉，双目微睁，大耳垂环，呈喜色状。面施白粉，红唇，脱落较多。中间一件据考为童子像，保留上身一段，束发，身体略微倾斜，双手置于胸前，面施红粉，嘴角微翘，显得安详俊秀。

世俗服装立像

北魏
高16.6厘米，宽7.5厘米，厚5.6厘米
河南省洛阳市偃师龙虎滩村北魏永宁寺塔基遗址出土
洛阳博物馆藏

陶质，背部削平，身体呈直立状，头部已残失，仅存膝以上部分，双手拱于胸前，并持物。人像着红色交领广袖衣，袖口极宽，由手臂垂至膝部，戴黑色披帛，整体肩部后仰，凹腰腆腹，体态匀称，身材修长，呈现出特有的曲线美。

影塑足

北魏
长6厘米，宽2.5厘米，厚3.5厘米
河南省洛阳市偃师龙虎滩村北魏永宁寺塔基遗址出土
洛阳博物馆藏

造像足，影塑装饰是石窟寺不可分割的重要组成部分，呈现佛教中国化的鲜明特征。

正光五年铜佛

北魏正光五年

通高14.1厘米

河南省洛阳市偃师寇店西朱村出土

洛阳博物馆藏

佛像头部为梳发绺式高髻，面长清瘦，眉目细长，肥颈溜肩，手施禅定印，身着袒右肩式袈裟，结跏趺坐于四足方形束腰台座之上，左、右分别刻有胁侍菩萨，主尊上部刻一化身佛，结跏趺坐，佛身后有尖拱火焰形大背光。

三尊菩萨造像

北魏

高80.5厘米

河南省洛阳市偃师寇店西朱村出土

洛阳博物馆藏

整体造型由主尊、背屏、左右胁侍菩萨、底座及两侧的翼形饰件等组成。各构件之间以榫柱与卯眼相插组合。这尊菩萨三尊铜像构思奇特，铸造精湛，装饰华丽，堪称佛教造像中的精品。

汇聚交融

　　北魏洛阳时期，社会包容开放，汉化运动进一步深入。拓跋鲜卑革除旧俗，接受中原文化，行汉制，倡汉俗，使北魏社会面貌焕然一新，国力日臻强盛，民族融合进一步加深，文化交融日益深入。洛阳城内北邙山是北魏皇陵聚集区，北魏王公贵族墓葬出土的文物也极为丰富。其中规模较大的出行俑阵，一方面体现出了北魏对本民族文化的继承，另一方面也反映了北魏在接受中原文化后焕发出勃勃生机。

洛阳北魏宣武帝景陵

青釉武士俑

北魏

通高58.3厘米

河南省洛阳市出土

洛阳博物馆藏

  通体施青黄色釉。俑呈站立状，头戴尖顶盔，浓眉怒目，身披两裆铠，肩有披膊，腰束蹀躞带。左臂弯曲至胸前，右臂微屈置于身侧，双手持物，所持之物已缺失。

彩绘陶抱婴女俑

北魏
长6.3厘米,宽5.9厘米,高13厘米
河南省洛阳市宜阳县马窑村杨机墓出土

洛阳博物馆藏

女俑头梳高髻,身着红色百褶曳地长裙,右脚尖露于裙摆外,肩披长帛巾,两巾角互挽结于胸前。左腿盘于地上,右腿向前曲跪,双手右高左低抱婴于胸前,似在哺乳。女俑表情恬静,面带笑意,逼真塑造出了一位怀抱婴儿的慈母形象。

彩绘陶伎乐俑

北魏

高 14 厘米

河南省洛阳市宜阳县马窑村杨机墓出土

洛阳博物馆藏

乐俑一组共八人，皆跽坐，头戴小冠，面相清秀，神态生动，身着交领广袖衫，长裙曳地，腰带高束，中挽一带结，两飘带自然下垂。黑发朱唇。依形态、动作的不同，可分为击鼓俑、吹奏俑、弹琵琶俑和奏乐俑。所持乐器除琵琶和鼓保存完好之外，其余均已不存。成组伎乐俑是北朝墓葬俑群中常见的题材，整组器物造型生动，对研究当时的服饰、乐器和社会生活具有重要价值。

青瓷碗

北魏

高7.5厘米,口径13.3厘米,底径4.4厘米

河南省洛阳市宜阳县马窑村杨机墓出土

洛阳博物馆藏

碗直口,深腹弧收,实心圈足,平底。整体施青釉,内壁满釉,外壁施釉近圈足处。

青瓷盘

北魏

高2.7厘米,口径12.9厘米

河南省洛阳市宜阳县马窑村杨机墓出土

洛阳博物馆藏

盘敞口,浅腹,圜底。整体施青釉,内壁满釉,口沿处饰一周弦纹,外壁施釉不到底。器物制作精良,釉色温润,这在中国早期青瓷器及洛阳北魏墓出土瓷器中都较为少见,是研究中国北朝早期青瓷器的重要物证。

青瓷盂

北魏

口径7.8厘米,底径8厘米,高8.5厘米

河南省洛阳市吉利炼油厂吕达墓出土

洛阳博物馆藏

盂盆口,束颈,扁腹,圈足,器表施青釉,釉质光润,釉面布满细小冰裂纹,圈足无釉。盂在魏晋南北朝时期颇为流行,在贵族墓葬中多有出现,也是当时人们追求雅致生活的一个见证。

黄釉胡人乐舞扁壶

北齐
高18厘米,口径3.8厘米,底径7.5厘米
河南省洛阳市盘龙冢村元邵墓出土

洛阳博物馆藏

壶全身施橘黄色釉,底部有凝脂状酱色釉珠,釉色不均匀,底部挂釉。形体扁圆,上窄下宽,敞口短颈,颈与肩连接处施联珠一周。两肩各有一孔,作穿带用。壶身以两幅乐舞场景最为突出。此壶类似游牧民族的皮囊。

绘陶持鼓俑

北魏
长6厘米，宽5.8厘米，高13.5厘米
洛阳博物馆藏

俑呈站立状，头戴小冠，身着红色宽袖短袍，腰束带，左臂屈于胸侧，右手执鼓于腹前。鼓为圆形，施红彩。

彩绘小冠男陶俑

北魏
长4.5厘米，宽3厘米，高18.5厘米
河南省洛阳市出土
洛阳博物馆藏

彩绘陶跪坐女俑

北魏

高12.3厘米

河南省洛阳市孟津北陈村王温墓出土

洛阳博物馆藏

女俑呈跪坐状,头挽高髻,身着高腰细褶及地长裙,左腿向后弯曲跪地,右腿前曲呈90°角,双手自然垂放于膝上,肩有披巾,披巾两头挽结于胸前。女俑通身施朱彩,眉清目秀,腹部鼓凸,似一位年轻貌美的孕妇。

彩绘陶箭箙武士俑

北魏

高18.3厘米

河南省洛阳市孟津北陈村王温墓出土

洛阳博物馆藏

　　武士呈站立状，圆目长须。头戴尖顶圆兜鍪，两侧有护耳，头后有圭形顿项。身披两裆甲，胸甲与背甲用带连接。臂有披膊，腰束带，背负箭箙，左手置于腹部，右臂举于胸侧，手持兵器，已缺失。

彩绘陶箭箙武士俑

北魏

长7厘米，宽5.5厘米，高24.2厘米

河南省洛阳市宜阳县马窑村杨机墓出土

洛阳博物馆藏

彩绘陶甲骑具装俑

北魏
长23厘米，宽8.5厘米，高26.4厘米

洛阳博物馆藏

　　武士头戴尖顶兜鍪，上身穿护身铠甲衣，两肩配披膊，下着长裤，两腿有甲片护腿；左手握缰绳，右手执兵器(已佚)。武士胯下坐骑呈站立状，马腹较平，四肢直立于一方形台上，马全身披重甲，臀部铠甲处有圆孔。甲骑具装是北魏时期骑兵的主力部队。

彩绘陶抱盆女俑

北魏

长6.3厘米，宽5.8厘米，高13.5厘米

河南省洛阳市宜阳县马窑村杨机墓出土

洛阳博物馆藏

女俑呈蹲坐状，头梳高髻，上饰花钿，身着交领百褶曳地长裙，右手抚膝，左臂抬起，并抱一盆置于膝上。髻施黑彩，唇涂朱，裙着红彩。

彩绘陶持箕女俑

北魏

长6厘米，宽5.8厘米，高13.5厘米

河南省洛阳市宜阳县马窑村杨机墓出土

洛阳博物馆藏

女俑呈蹲坐状，发髻饰花钿，脸部丰满，面含微笑，身着宽袖长裙，双手持簸箕置于膝前。髻施黑彩，唇涂朱，裙着红彩。

彩绘陶风帽俑

北魏

高32.3厘米

河南省洛阳市宜阳县马窑村杨机墓出土

洛阳博物馆藏

陶质，呈站立状，高鼻深目，张口露齿，口涂朱。头戴风帽，帽顶鼓圆，周围束带，顶部有"十"字形缝纹，帽裙下垂至颈，左右沿脸部外翻，用一带连于脑后。身着红彩风衣，领口挽结，两袖空垂，内罩白色长衣及地，双手拄剑于胸前，足登圆头靴，形象庄严威猛。

彩绘陶女俑

北魏

高15.1厘米

河南省洛阳市孟津县北陈村王温墓出土

洛阳博物馆藏

女俑呈站立状，头梳高髻，身穿长袖及地百褶长裙，腰束宽带，且挽结于腰间，右臂自然下垂，右手握紧裙摆一角，左臂向前曲置于腰部，肩披帛巾，帛巾两角自然挽结于胸前。女俑通身施朱彩，服装纹理清晰流畅，衣褶垂感较强，体态丰满，相貌端庄，俨然一副贵妇人姿态。

彩绘陶男胡俑

北魏

长4.5厘米,宽2.6厘米,高16.4厘米

洛阳博物馆藏

  呈站立状,鬈发,深目高鼻,虬髯。皆内着圆领衫,外着长袖交领及膝长袍,腰系带。头戴圆顶毡帽,上着红衣,下着裤,足登长靴,右手举至肩部,左手置于身前侧,似持物,所持之物佚失。

彩绘陶胡俑

北魏

宽4.5厘米,厚3.7厘米,高15.4厘米

河南省洛阳市盘龙冢村元邵墓出土

洛阳博物馆藏

  呈站立状,鬈发,深目高鼻,虬髯。皆内着圆领衫,外着长袖交领及膝长袍,腰系带。下着阔口长裤,一手放置于身前,姿态恭敬。

戴冠头像

北魏

高6厘米

河南省洛阳市偃师龙虎滩村北魏永宁寺塔基遗址出土

洛阳博物馆藏

头戴高帽，发型高及夸张，高耸入云，气势逼人。

彩绘陶盔甲武士头像

北魏

高8厘米

河南省洛阳市孟津北陈墓出土

洛阳博物馆藏

头戴护帽，帽前部中间出尖，护耳处可活动。粗眉圆眼，闭口，嘴角微垂，宽鼻。

彩绘陶女俑

北魏

高18.7厘米

河南省洛阳市宜阳县马窑村杨机墓出土

洛阳博物馆藏

彩绘陶女俑

北魏

高18.2厘米

河南省洛阳市宜阳县马窑村杨机墓出土

洛阳博物馆藏

陶碗

北魏

口径12.7厘米，底径5.2厘米，高7厘米

河南省洛阳市孟津县玻璃厂北魏侯掌墓出土

洛阳博物馆藏

陶质，鼓腹，腹以下渐收，碗壁由曲腹逐渐向深腹直沿变化，碗底带足。

青瓷钵

北魏

口径10.8厘米，高4.5厘米

河南省洛阳市公安局移交

洛阳博物馆藏

敞口，圆肩，鼓腹，腹以下渐收，平底。腹部有环形纹饰和贯耳，施釉及腹中。器型浑厚，大方端庄。

灰陶罐

北魏

口径13.5厘米，腹径22.5厘米，底径10.5厘米，高24厘米

河南省洛阳地区北魏墓出土

洛阳博物馆藏

泥质灰陶，盘口，颈部有横向打磨的痕迹。溜肩，鼓腹，平底。口沿下有一圈压印纹，颈部饰一周凸弦纹，肩以下至腹部通体饰竖向暗划纹。

灰陶瓶

北魏

口径5.5厘米，底径4.5厘米，腹径9厘米，高17.5厘米

河南省洛阳市孟津县玻璃厂北魏侯掌墓出土

洛阳博物馆藏

　　细泥质灰陶，舌状唇，束圆颈，鼓腹，平底。

石灯

北魏

高29.5厘米

河南省洛阳市宜阳县丰李镇马窑村三道岭杨机墓出土

洛阳博物馆藏

　　灯座呈方形，灯身呈圆柱形，灯盏方形圆弧底。

石狮子

北魏

长9厘米，宽11厘米，高18厘米

河南省洛阳市伊川县江左镇李寨大队移交

洛阳博物馆藏

整石雕制而成。石狮呈蹲坐状，昂首挺胸，怒目前视，张口预吼，脑后鬃发，卷曲自如，四肢肌腱，强劲有力，散发着雄强不羁的霸气。

寇猛墓志

北魏

长46厘米，宽46.5厘米，厚17.5厘米

河南省洛阳市西车站北魏墓葬出土

洛阳博物馆藏

　　《寇演墓志》全称《魏故汝南太守寇府君墓志》，北魏神龟二年(公元519年)二月二十三日刻。墓志于1918年在河南省洛阳城东北拦驾沟北陵出土，该墓志共20行，每行21字，正书。《寇演墓忘》曾归腾冲李氏，后藏于吴县古物保存会。抗日战争时期，原石被毁。

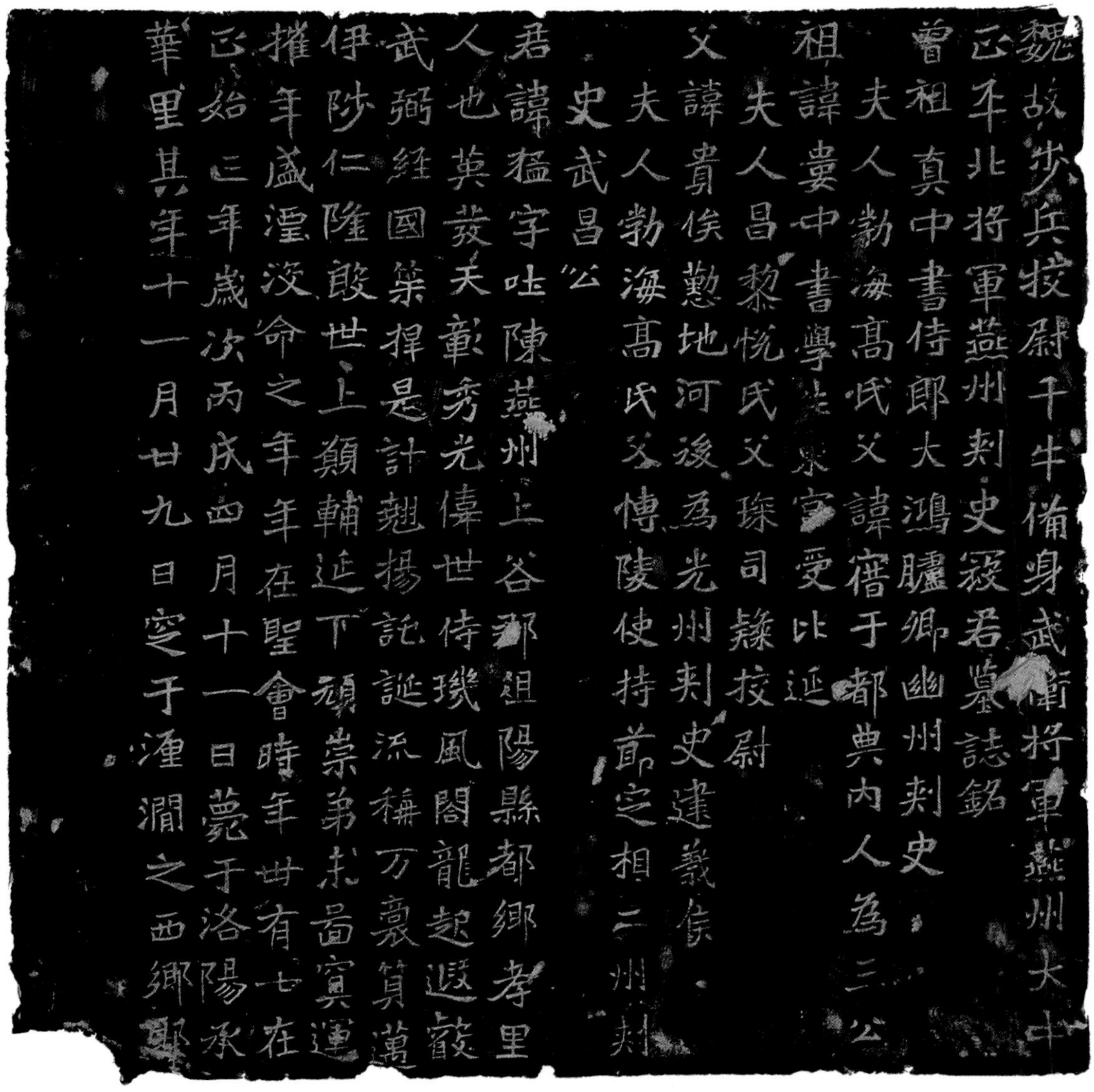

第四章 研究文章

蘑菇山鲜卑墓地断代研究

潘玲　谭文妤

（西北大学文化遗产学院）

蘑菇山墓地位于内蒙古自治区满洲里市扎赉诺尔区政府所在地东北约2公里处的一个名为蘑菇山的台地西北坡。2011年，蘑菇山墓地因取土被破坏，同年4月，呼伦贝尔民族博物馆在满洲里市文物管理所、扎赉诺尔区文物管理所的配合下，抢救性清理了一座被破坏的墓葬。同年5月，中国社会科学院考古研究所内蒙古工作队和以上三家文博单位组成联合考古队，在墓地清理了6座被破坏的墓葬。2012年7月，联合考古队在墓地又抢救性清理发掘了5座墓葬。以上三次发掘，共发掘墓葬12座。

关于蘑菇山墓地的发掘材料，共发表过三次。第一次为2012年发表的《内蒙古满洲里市蘑菇山发现古墓葬》，该文介绍了墓地发现和发掘经过，简要介绍了墓葬结构和葬俗、随葬品种类，发表了13件出土器物的黑白照片，作者认为墓地为拓跋鲜卑南迁大泽后期的遗存，年代晚于拉布达林墓地、扎赉诺尔墓地[1]。第二次为四个发掘单位于2014年联合发表的《满洲里市蘑菇山墓地发掘报告》，该文完整发表了2011年发掘的7座墓葬的资料，包括每座墓葬的线图、所有可看出形制的出土器物的线图[2]。该报告对墓地年代的认识与上文的相同，认为是东汉时期的鲜卑墓地。2015年出版的《呼伦贝尔民族文物考古大系·扎赉诺尔区卷》，发表了蘑菇山墓地12座墓葬出土器物的彩色照片、每件器物的尺寸及其简要文字介绍，其中包括以前未发表过的2012年发掘的5座墓葬（M8至M12）出土器物[3]。这样，蘑菇山墓地发掘的12座墓葬的随葬器物已经完整发表，也发表了大部分墓葬的形制和结构、葬俗等方面的信息，为学界开展深入研究奠定了良好的基础。

---

[1] 呼伦贝尔博物院：《内蒙古满洲里市蘑菇山发现古墓群》，《草原文物》2012年第2期。

[2] 中国社会科学院考古研究所内蒙古工作队、呼伦贝尔博物院、满洲里市文物管理所、扎赉诺尔区文物管理所：《满洲里市蘑菇山墓地发掘报告》，《草原文物》2014年第2期。

[3] 中国社会科学院考古研究所内蒙古工作队、内蒙古自治区文物局、北京大学文博学院、中国社会科学院蒙古族源研究中心、内蒙古蒙古族源博物馆、呼伦贝尔博物院：《呼伦贝尔民族文物考古大系：扎赉诺尔区卷》，文物出版社，2015，第155-209页。

目前，蘑菇山墓地的碳十四测年数据尚未公布，发掘者虽然提出墓地年代为东汉时期，但是没有做详细的断代论证。蘑菇山墓地12座墓葬中，有11座墓葬的出土器物可做断代分析。本文通过器物的对比分析，逐一确定这11座墓葬的年代，对墓地整体年代和分期提出新的认识。

一、蘑菇山M1

M1只有一件陶鍑（M1:1）可以断代。该陶鍑为高圈足鍑，侈口，球形腹（图1，1）。这种球形腹的高圈足陶鍑在呼伦贝尔地区鲜卑墓中发现的非常少。扎赉诺尔区完工镇采集1件与蘑菇山M1:1形状类似的圆腹陶鍑，但是口部较小，有束颈（图1，2），推测这件器物可能与完工墓地有关[1]。完工墓地的年代在西汉中期前后[2]，那么完工镇的这件陶鍑可能也是这一时期的器物。外贝加尔的伊沃尔加墓地M139出土1件腹部近球形的高圈足陶鍑，与蘑菇山M1:1形状接近（图1，3）[3]。伊沃尔加墓地年代在西汉早期偏晚至西汉中晚期[4]，与完工墓地的年代相当。

在呼伦贝尔地区鲜卑墓葬发现的陶鍑，大多都是下腹内收较急、器身略显瘦长的高圈足鍑。其中，1959年在扎赉诺尔发掘出土的一件陶鍑，肩部有4个纵向盲耳，颈部有稀疏的篦点纹（图1，5）。这两种装饰同时出现在一件器物上，还见于东汉晚期至魏晋时期的长城地带中部的东大井墓地[5]、善家堡墓地[6]（图1，6、7）。因此，该陶鍑年代应该与东大井

---

[1] 潘行荣：《内蒙古陈巴尔虎旗完工索木发现古墓葬》，《考古》1962年第11期。内蒙古自治区文物工作队：《内蒙古陈巴尔虎旗完工古墓清理简报》，《考古》1965年第6期。

[2] 潘玲：《完工墓地的文化性质和年代》，《考古》2007年第9期。

[3] Давыдова А. В.Иволгинский археологический комплекс, Том 2, Иволгинский могилъник, СПб, 1996.（文中伊沃尔加墓地材料均出于此）

[4] 潘玲：《伊沃尔加城址和墓地及相关匈奴考古问题研究》，科学出版社，2007。此书将伊沃尔加城址和墓地年代上限定为西汉中期，但是出土的与其相同匈奴式器物的西岔沟墓地的年代明确可早到西汉早期晚段。所以，伊沃尔加城址和墓地的年代上限也应为西汉早期晚段。

[5] 李兴盛、魏坚、郝晓菲、李言：《商都县东大井墓地》，《内蒙古地区鲜卑墓葬的发现与研究》，科学出版社，2004，第55-102页。潘玲：《对部分与鲜卑相关遗存年代的再探讨》，《边疆考古研究》第十一辑，科学出版社，2013。

[6] 王克林、宁立新、孙春林、胡生：《山西省右玉县善家堡墓地》，《文物季刊》1992年第4期。潘玲：《对部分与鲜卑相关遗存年代的再探讨》，《边疆考古研究》第十一辑，科学出版社，2013年。

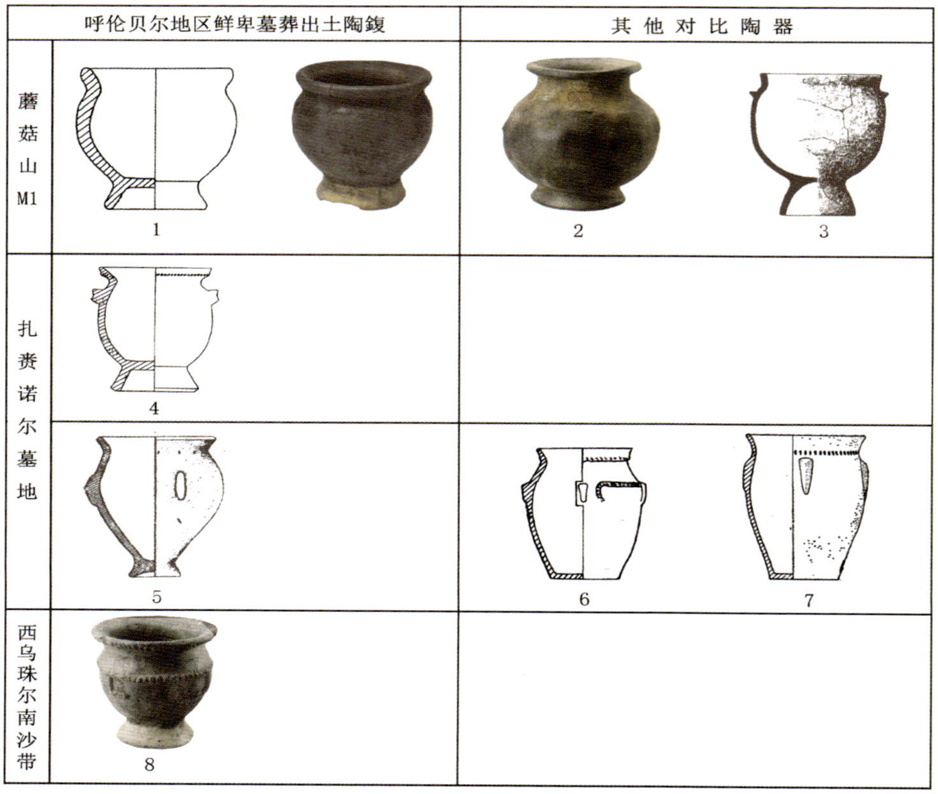

呼伦贝尔地区鲜卑墓葬出土陶鍑	其他对比陶器
蘑菇山M1 — 1	2　3
扎赉诺尔墓地 — 4	
扎赉诺尔墓地 — 5	6　7
西乌珠尔南沙带 — 8	

注：1-蘑菇山M1（线图和照片）；2-陈巴尔虎旗完工镇采集；3-伊沃尔加墓地M139；4-扎赉诺尔墓地1984年发掘M3；5-扎赉诺尔墓地1959年发掘墓地；6-东大井M6；7-善家堡M17；8-陈巴尔虎旗西乌珠尔苏木南沙带采集（1~5、8为陶鍑，6、7为大口深腹陶罐）。

图1 蘑菇山M1陶鍑断代对比图

墓地、善家堡墓地的年代相距不远，在东汉晚期至魏晋时期的可能性较大。位于今呼伦贝尔市的陈巴尔虎旗西乌珠尔苏木南沙带采集有一件高圈足鍑，其形制与上述扎赉诺尔所出土的相似，但是其肩部饰一周锯齿状附加堆纹，下接锯齿状附加堆纹组成的L、U形图案[①]（图1，8）。这种肩部施锯齿状附加堆纹的做法是年代晚到十六国前期的呼伦贝尔地区团

---

① 中国社会科学院考古研究所内蒙古工作队、内蒙古自治区文物局、北京大学文博学院、中国社会科学院蒙古族源研究中心、内蒙古蒙古族源博物馆、呼伦贝尔博物院：《呼伦贝尔民族文物考古大系：扎赉诺尔区卷》，文物出版社，2015，第155-209页。

结墓地陶罐流行的装饰①。乌珠尔苏木南沙带的这件陶鍑附加堆纹的形制与东大井M6陶罐肩部的附加堆纹也有相似之处（图1，6）。综合以上对比可知，乌珠尔苏木南沙带的这件陶鍑的年代应在东汉晚期至十六国前期。1984年在扎赉诺尔墓地发掘的M3还出土一件圆腹略垂的高圈足鍑，肩部有一对横桥状耳，口沿下缘有锯齿纹（图1，4）②。口沿下缘饰锯齿纹的装饰手法，在扎赉诺尔墓地大口深腹陶罐中所占比例较高，其中1986年在M3002出土的大口深腹罐口沿下缘带锯齿纹，与三鹿纹牌饰、一根铜丝拧成的大环耳饰共出，后两种器物是东汉时期鲜卑遗存特有器物③。因此，扎赉诺尔墓地M3的这件圆垂腹陶鍑的年代也应在东汉时期。

通过以上对比可知，蘑菇山M1随葬的陶鍑与东汉及更晚时期的呼伦贝尔地区其他鲜卑墓葬出土的陶鍑形制均有明显差别，与其形制相似的陶鍑年代均为西汉中期。因此，该陶鍑的年代也应该在西汉中期，蘑菇山M1的年代也应与此相当。

二、蘑菇山M2

蘑菇山M2出土陶壶（M2:2）、陶碗（M2:1）、铜耳环和铁耳环各1件，后三种器物无明确的时代特征。但是陶壶形制特殊，器身较瘦，略外敞口，折肩，斜腹，不见于本地其他鲜卑墓（图2，1、2）。类似形状的陶壶还见于外贝加尔的伊沃尔加墓地和德列斯图依墓地④，是当地匈奴墓葬陶壶的常见形制之一（图2，3~5）。蘑菇山M2的这件陶壶很可能是将外贝加尔器身较宽、外敞口的折腹壶与器身略瘦的直颈折腹壶形状综合到一起，但是制作技术较后者粗糙，器壁较厚，陶色斑驳无纹饰，应是对外贝加尔较粗糙的折肩陶壶的仿制器物。呼伦贝尔地区的陈巴尔虎旗完工镇六队也征集到一件形状接近的折肩陶壶（图

---

① 李兴盛、魏坚、郝晓菲、李言：《商都县东大井墓地》，《内蒙古地区鲜卑墓葬的发现与研究》，科学出版社，2004，第55-102页。潘玲：《对部分与鲜卑相关遗存年代的再探讨》，《边疆考古研究》第十一辑，科学出版社，2013。
② 呼伦贝尔盟文物管理站：《扎赉诺尔圈河古墓清理简报》，《北方文物》1987年第3期。
③ 内蒙古自治区文物考古研究所：《扎赉诺尔古墓群1986年清理发掘报告》，《内蒙古文物考古文集》第一辑，中国大百科全书出版社，1994，第369-383页。
④ Миняев С. С. Археологические памятники сюнну, Выпуск 3, Дырестуйский могильник, СПб: Европейский дом, 1998.（以下德列斯图依墓地材料均出于此）

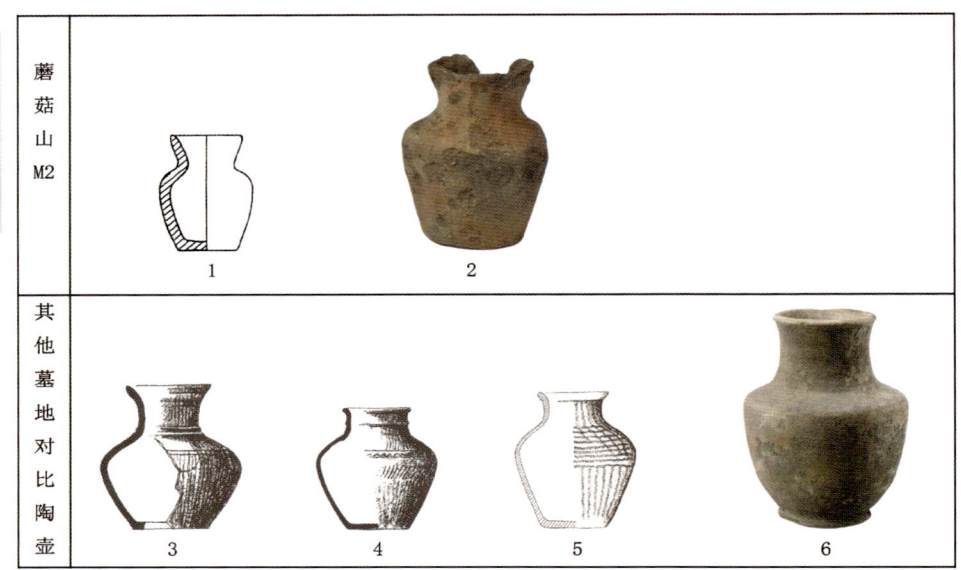

注：1、2-蘑菇山M2（线图和照片）；3-伊沃尔加墓地M211；4-伊沃尔加墓地M173；5-德列斯图依墓地M43；6-陈巴尔虎旗完工镇六队。

图2 蘑菇山M2陶壶断代对比图

2、6），但是资料发表者没有说明是否出自完工墓地，这里仅作为断代参考[1]。伊沃尔加墓地、德列斯图依墓地、完工墓地均为西汉中期前后的墓地，据此可知，蘑菇山M2年代应在西汉时期。

三、蘑菇山M3

该墓随葬器物相对较多，其中有一件陶器是形制特殊的大口深腹罐，无形状相似器物作对比。但是随葬的1件石镞和铁镞，以及铁腰带具可作为断代依据。

蘑菇山M3随葬的石镞（M3:6）为桂叶形压制石镞，器身略宽，最宽处居中，没有明显可区分的铤部（图3，1）。在东北地区的平洋砖厂[2]、西岔沟[3]、完工、拉布达林[4]等墓地

---

[1] 中国社会科学院考古研究所内蒙古工作队、内蒙古自治区文物局、北京大学文博学院、中国社会科学院蒙古族源研究中心、内蒙古蒙古族源博物馆、呼伦贝尔博物院：《呼伦贝尔民族文物考古大系：扎赉诺尔区卷》，文物出版社，2015，第155-209页。

[2] 黑龙江省文物考古研究所：《平洋墓葬》，文物出版社，1990，第109页。

[3] 辽宁省博物馆、辽宁省文物考古研究院、吉林大学边疆考古研究中心：《西丰西岔沟墓地》，文物出版社，2022。

[4] 呼伦贝尔盟文物管理站：《内蒙古额右旗拉布达林发现鲜卑墓》，《考古》1990年第10期。

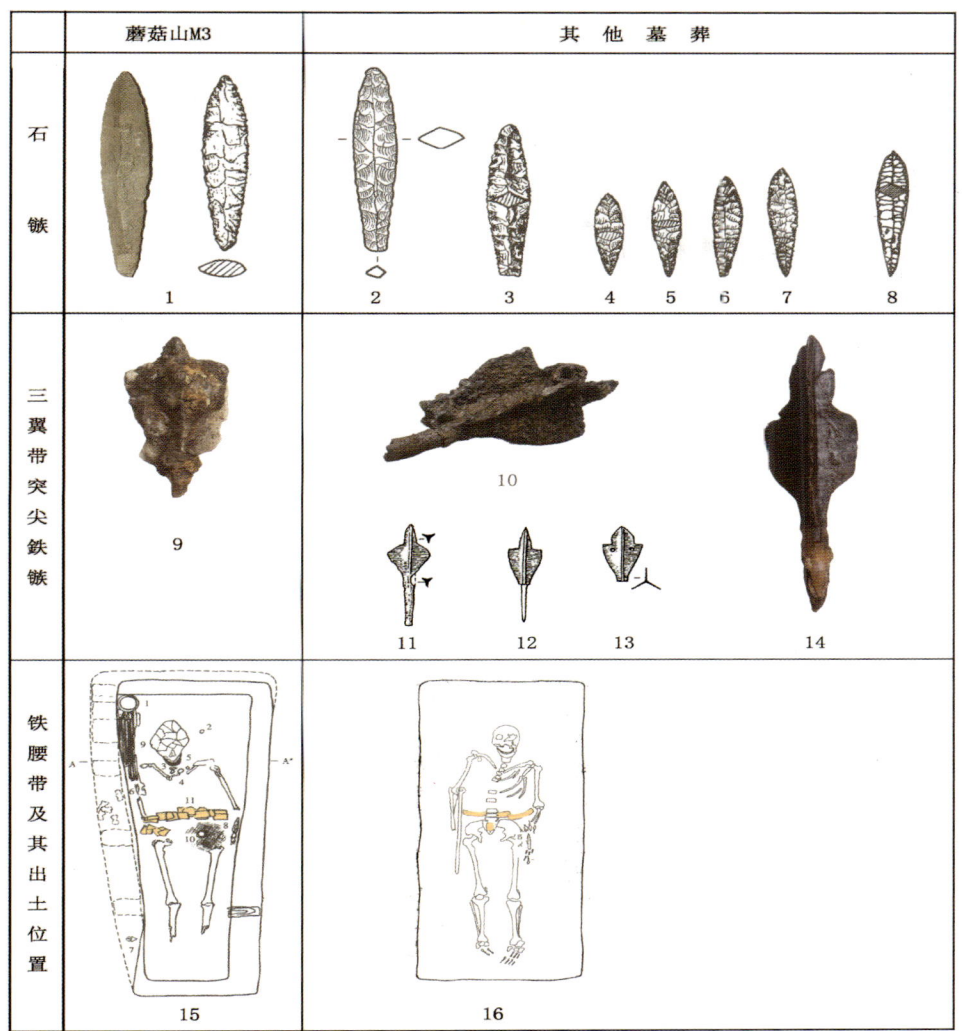

1-蘑菇山M3（照片和线图）；2-西岔沟M23；3-完工M2；4-7-拉布达林1992年发掘M24；8-拉布达林1987年发掘M3；9-蘑菇山M3；10-蒙古杜尔利格纳尔斯墓地M2；11-俄罗斯伊里莫瓦谷地匈奴墓地；12、13-俄罗斯切列姆霍夫墓地；14-蒙古布尔干陶勒盖墓地；15-蘑菇山M3平面图；16-补洞沟M3平面图（15、16的黄色部分为铁腰带具）。

图3 蘑菇山M3器物断代对比图

都发现有少量的压制石镞，西汉早期晚段至西汉中晚期的西岔沟墓地M23（图3，2）、完工墓地M2（图3，3）出土的压制石镞均偏细长，大多数有明显可区分的梃部，只有完工墓地M2的一件石镞接近桂叶形，但是镞的最宽处明显偏上。拉布达林墓地92M24出土4件桂叶形石镞，镞的最宽处均居中或略偏上，形制与蘑菇山M3出土的石镞相对接近（图3，

4-7）①。拉布达林墓地92M24随葬大泉五十，其年代在新莽至东汉前期。1987年在拉布达林墓地M3发现有一件石镞（图3，8），形状近桂叶形，器身偏宽，最宽处偏上，石镞的压制痕迹明显粗糙，该墓还随葬10件骨镞、6件铁镞，一件铜镞，但是只有1件压制石镞，与上述其他墓葬石镞和骨镞数量相当的情况形成鲜明对比②。拉布达林墓地87M3的碳十四测年数据为距今1715±65年，即为东汉末至曹魏时期。从以上分析可以看出，西汉中期或略早至东汉末，东北地区西部的压制石镞经历了器身逐渐变宽、带铤镞数量逐渐减少到最后只保留器身较宽的桂叶形无铤镞的变化过程，镞的数量在东汉晚期明显减少。蘑菇山石镞器身略宽，区分不出铤部，其形制与拉布达林墓地92M24的石镞最接近。蘑菇山M3只随葬一件石镞，这与年代更晚的拉布达林墓地87M3的情况相同，拉布达林的这两座墓均为东汉时期的墓葬。因此，蘑菇山M3随葬石镞的年代应与拉布达林墓地87M3的接近，也可能与拉布达林墓地92M24的年代相近，即蘑菇山M3为新莽至东汉时期的墓葬。

蘑菇山M3随葬有突尖的三翼铁镞（图3，9），这种形制的铁镞在匈奴遗存中非常流行，其中在西汉晚期至东汉前期的外贝加尔地区匈奴墓葬就有发现此遗物（图3，11-13）。蒙古国境内的匈奴墓葬中也随葬这种形制的铁镞，其中墓地年代也为西汉晚期至东汉前期。如肯特省的杜尔利格纳尔斯墓地也出土带突尖的三翼铁镞（图3，10），该墓地还随葬流行于新莽至东汉前期的鸟兽纹博局镜③；布尔干省布尔干陶勒盖墓地也出土带突尖的三翼铁镞（图3，14），此外还出土流行于西汉晚期至东汉早期的宽平缘昭明镜、日光镜。据以上分析，可将蘑菇山M3出土的带突尖的三翼铁镞断代为西汉晚期至东汉前期。

蘑菇山M3的墓主人腰部有一排铁质腰带具，带具主要为横向长方形，应为下葬时带在身上的腰带具（图3，1）。两汉时期，在中国北方及邻近地区，只有匈奴墓葬普遍随葬腰带具，其中西汉时期匈奴墓葬的腰带具绝大多数为铜质，石质腰带具在西汉和东汉时期

---

① 辽宁省博物馆、辽宁省文物考古研究院、吉林大学边疆考古研究中心：《西丰西岔沟墓地》，文物出版社，2022。
② 呼伦贝尔盟文物管理站：《内蒙古额右旗拉布达林发现鲜卑墓》，《考古》1990年第10期。
③ Eregzen G., Teasures of the Xiongnu, fig.203, p.151, Ulaanbaatar: Institute of Archaeology Mongolian Academy of Sciences, National museum of Mongolia, 2011.

的匈奴墓葬和鲜卑墓葬均有发现，铁质腰带具则在东汉时期才普遍使用[①]。如内蒙古鄂尔多斯市补洞沟墓地M3出土了一排腰带具（图3，16），与蘑菇山M3出土的腰带具形状较类似。补洞沟墓地是东汉前期南匈奴的墓葬[②]。东汉晚期的大安渔场墓地也出土铁腰带具，但是属于装饰性铁带具，均为纵向长方形[③]。因此，从出土位置、腰带具形状这两方面分析，蘑菇山M3的铁腰带具应为东汉前期的，与补洞沟墓地M3的年代相当。

根据上述石镞、铁镞、铁腰带具的对比分析，可将蘑菇山M3断代为东汉前期墓葬。

四、蘑菇山M4

该墓为一座残墓，可断代器物有一件马形金牌饰和一组铁腰带具。马形金牌饰，即双马形牌饰残存的大马背上的小马（图4，1）。双马形牌饰是鲜卑遗存特有的器物，在中国境内发现的双马形牌饰，年代比较明确的有察哈尔右翼后旗三道湾墓地M15（图4，2）[④]、开鲁县福兴地鲜卑墓葬（图4，3）[⑤]，前者年代在东汉中晚期，后者根据随葬的马形牌饰和铜镞的形制可判断出在东汉时期[⑥]。在俄罗斯赤塔州的左尔郭勒1号墓地M37出土1件残存小马的马形牌饰（图4，4），该墓随葬一件流行于新莽至东汉早期的带锯齿纹宽平缘的博局纹铜镜（图4，5）[⑦]。根据以上对比可知，蘑菇山M4的马形金牌饰年代应为新莽至东汉时期。

M4墓主人的腰部有一排条带状的铁腰带具，但因锈蚀，其具体形制不清（图5，1）。根据上述对蘑菇山M3铁腰带具的分析可知，蘑菇山M4的铁腰带具也应为流行于东汉时期的

---

① 潘玲：《两汉时期北方系统腰带具的演变》，《西域研究》2018年第2期。

② 伊克昭盟文物工作站：《补洞沟匈奴墓葬》，《鄂尔多斯式青铜器》，文物出版社，1986，第394-402页。该墓地的断代认识见潘玲：《伊沃尔加城址和墓地及相关匈奴考古问题研究》，科学出版社，2007。

③ 吉林省博物馆文物队、吉林大学历史系：《吉林大安渔场古代墓地》，《考古》1975年第6期。关于大安渔场墓地的断代可参阅潘玲：《对部分与鲜卑相关遗存年代的再探讨》，《边疆考古研究》第十三辑，科学出版社，2013。

④ 杜承武、李兴盛、田丽、李庭跃、哈达：《察右后旗三道湾墓地》，《内蒙古地区鲜卑墓葬的发现与研究》，科学出版社，2004，第16-54页。

⑤ 武亚芹、李铁军：《开鲁县福兴地鲜卑墓》，《内蒙古文物考古》2007年第2期。

⑥ 林沄：《鲜卑族的金、铜马形牌饰》，《边疆考古研究》第三辑，科学出版社，2004。潘玲：《中国北方晚期镞研究》，科学出版社，2015年，第28页。关于福兴地墓葬年代的认识可参阅此文。

⑦ Яремчук О. А. Могильник Зоргол-Ⅰ —памятник хунно-сяньбийской эпохи Степной Даурин. Дис.... канд. ист. наук, Чита, 2005.

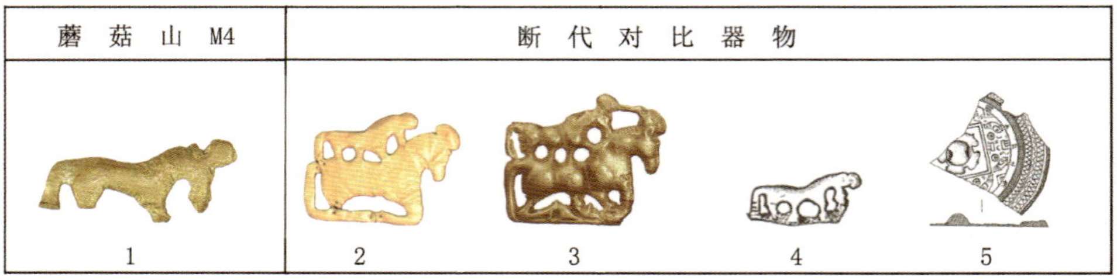

蘑 菇 山 M4	断 代 对 比 器 物			
1	2	3	4	5

1-蘑菇山M4；2-三道湾M15；3-福兴地鲜卑墓葬；4、5-左尔郭勒墓地M37（1~4-马形牌饰 5-博局纹铜镜）。

图4 蘑菇山M4马形金牌饰断代对比图

器物（图5，2）。

根据以上分析，可将蘑菇山M4年代断代为新莽至东汉时期。

五、蘑菇山M5

该墓随葬品有一件矩形镂空动物纹铜牌饰、形状不规则的绿松石坠、器身偏扁的铜环、颈部带附加堆纹的大口深腹陶罐。

蘑菇山M5的镂空铜牌饰上有两只交颈的水禽，边缘有竹节状纹饰，出于墓主人腰部（图6，1）。动物纹镂空铜牌饰流行于西汉时期，常见于西汉中期前后的匈奴墓葬，或受匈奴文化影响的墓葬（图6，2）[①]，且通常成对出现。而蘑菇山M5只出土1件，可能用法有所改变。

在蘑菇山M5墓主人头部发现3枚轮廓不规则的绿松石坠，在较窄的一侧均有一圆形穿孔（图6，3-5）。这种形状不规则的绿松石坠也见于西汉中期前后的德列斯图依墓地（图6，6）、完工墓地M1（图6，17）、西岔沟墓地（图6，8、9）。进入东汉时期，在中国内蒙古呼伦贝尔以及蒙古国匈奴和鲜卑墓葬发现的绿松石坠均表面形状规则，加工精细（详见下文对蘑菇山M11绿松石珠子和坠饰的分析）。可见，蘑菇山M5的绿松石坠是西汉时期的器物。

蘑菇山M5墓主人腰部一带出土1件铜环，铜环长、短径分别为4.1厘米和3.7厘米，剖面为扁椭圆形（图6，10）。类似其形状和尺寸的铜环，在西岔沟墓地发现的较多，大都出于

---

① 潘玲：《矩形动物纹牌饰的相关问题研究》，《边疆考古研究》第三辑，科学出版社，2004，第126-146页。

第四章　研究文章

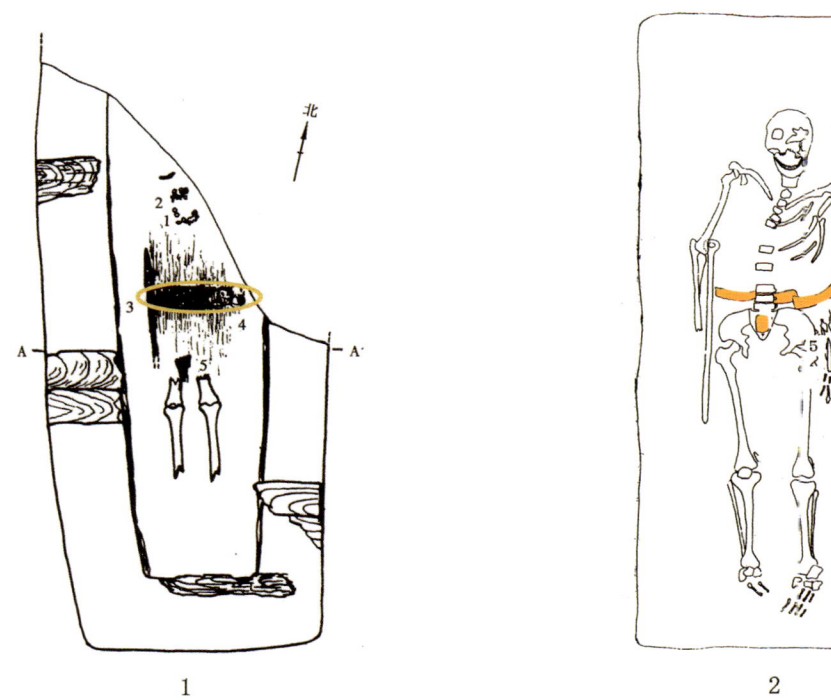

1-蘑菇山M4墓葬平面图（黄色区域内为铁腰带）；2-补洞沟M3（黄色条带为铁腰苇具）。

图5　蘑菇山M4铁腰带出土位置对比图

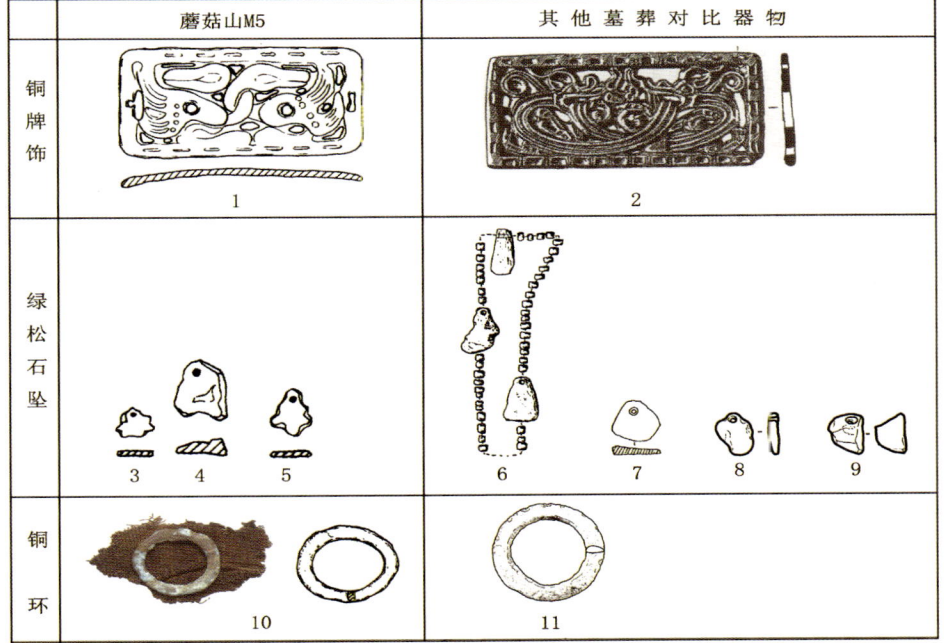

1、3-5、10-蘑菇山M5；2-德列斯图依M118；6-德列斯图依M114；7-完工M1B；8、9、11-西岔沟墓地。

图6　蘑菇山M5器物断代对比图

161

墓主人腰部，推测应穿挂在腰带下（图6，11）。西岔沟墓地年代为西汉早期晚段至西汉中晚期。1992年在拉布达林墓地发掘的24座墓葬中出土8件铜环，都出自两座墓葬中，其中7件出于拉布达林墓地92M24，该墓随葬5枚大泉五十铜钱，说明其年代在新莽至东汉前期。从发掘出土铜环的情况可以看出，只有不到百分之十的墓葬随葬扁体铜环。可见，这种扁体铜环在东北地区西部流行于西汉中期或稍早至东汉前期，其中西汉时期发现的数量最多。

根据蘑菇山M5出土的以上三类器物的对比分析，可知该墓最有可能是西汉时期的墓葬，但是不排除可晚到新莽时期。

六、蘑菇山M6

该墓为单人二次葬。该墓随葬品有1件大口深腹陶罐（图7，5）、1件三翼铁镞、1件骨镞、3件骨弓弭、6件圆片状铁器等。

三翼铁镞残存一小段梃，器身呈三角形（图7，1）。这种铁镞无突尖，与西汉末至东汉前期匈奴墓葬出土的带突尖的三翼铁镞的形制有明显差别，是西汉时期匈奴文化流行的铁镞形制[①]，在德列斯图依墓地、伊沃尔加墓地均有出土，其中完整的均有较长的梃部（图7，2-4）。

骨镞为四棱形銎孔镞（图7，6）。这种骨镞发现数量很少，通常见于外贝加尔西汉时期匈奴遗存，如伊沃尔加城址（图7，7-9）[②]、德列斯图依墓地M93均出土銎孔式骨镞（图7，10），其中出自伊沃尔加城址的1件古镞，其镞身接近四棱形（图7，7），与蘑菇山M6出土的古镞形状相似。

蘑菇山M6还出土3件骨弓弭（图7，11-13），其中两件为两段部分重叠接在一起的弓弭的下半段（图7，12、13），重叠部分的一面被削成较缓的斜坡。这种两段分体的骨弓弭可以随着弓体的拉伸而转动，在西汉时期匈奴墓葬中多有发现，可与单体的骨弓弭配合使

[①] 潘玲：《伊沃尔加城址和墓地及相关匈奴考古问题研究》，科学出版社，2007。

[②] Давыдова А.В., Иволгинский археологический комплекс, Том 1, Иволгинское гордище, СПб, 1995.

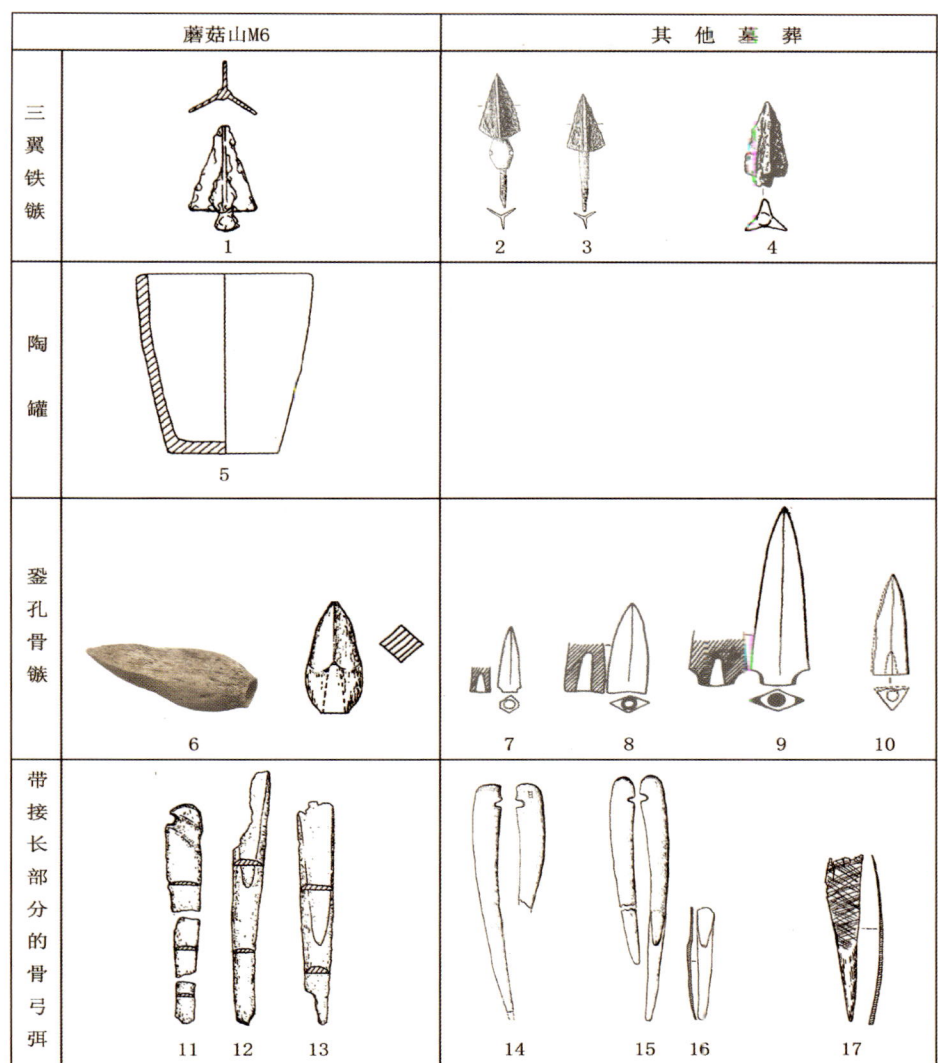

1、5、6、11-13-蘑菇山M6;2、3、14-16-德列斯图依M123;4-伊沃尔加墓地M96;7、9-伊沃尔加城址;10-德列斯图依M93;17-完工M1B。

图7 蘑菇山M6器物断代对比图

用[①]。如德列斯图依墓地M123,至少有1件弓弭为两段分体弓弭(图7,14~16)。与德列斯图依墓地年代相当的完工墓地也出土1件两段分体骨弓弭的下半段(图7)。

根据以上对铁镞、骨镞、骨弓弭形制的分析,可将蘑菇山M6断代为西汉时期墓葬,在西汉中期前后的可能性最大。

---

① 潘玲:《完工墓地的文化性质和年代》,《考古》2007年第9期。

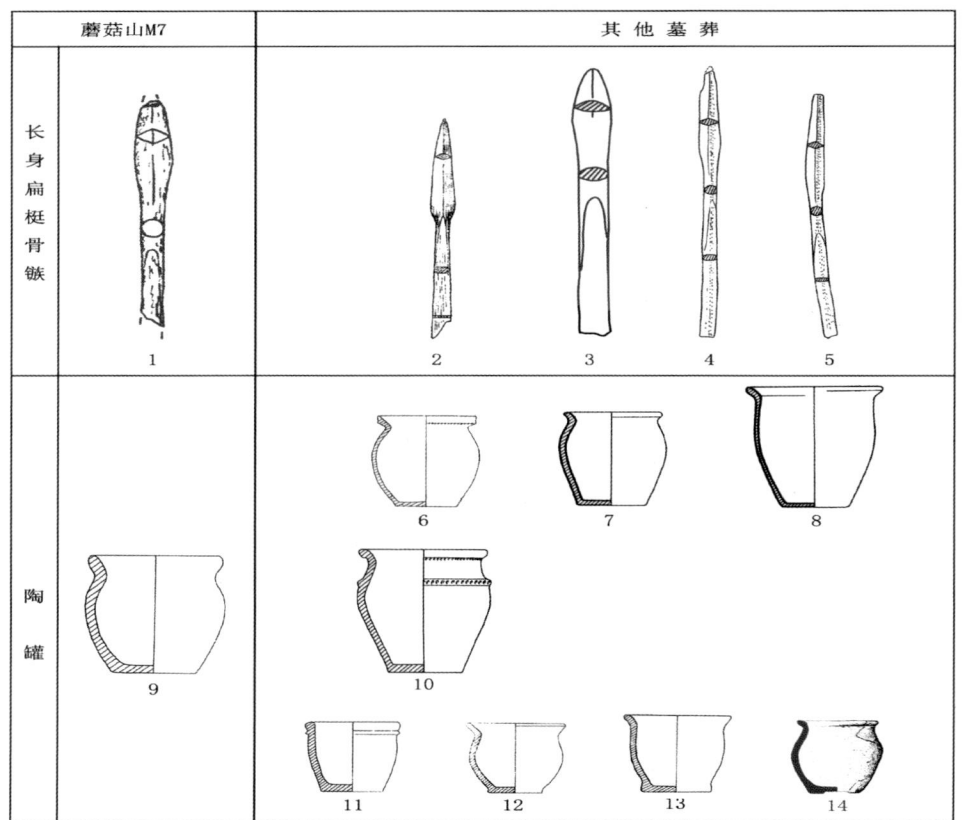

1、9-蘑菇山M7；2-平洋砖厂墓地M141；3-完工M3；4、5-拉布达林1992年发掘墓葬；6-扎赉诺尔1984年发掘M4；7-扎赉诺尔1986年发掘M3003；8-扎赉诺尔1986年发掘M3012；10-团结墓地M5；11-蘑菇山M3；12-拉布达林1992年发掘M5；13-拉布达林1992年发掘M6；14-德列斯图依M109。

图8 蘑菇山M7器物断代对比图

七、蘑菇山M7

该墓为男、女二次合葬墓，只随葬1件骨镞和1件陶罐。骨镞为瘦长的扁梃镞，镞身为细长的菱形，横截面为菱形。梃扁而长，从一面削薄（图8，1）。这种形制的骨镞流行于战国至西汉时期，是东北地区很有地域特色的骨镞形制[①]。这类长梃骨镞在西汉时期的汉书二期文化晚期遗存中仍然非常流行，如平洋砖厂墓地M141的骨镞即如此（图8，2）。在汉书二期文化为主体的完工墓地发现的骨镞大多数也是此类长扁梃骨镞（图8，3）。1992年在拉布达林墓地发掘的24座墓葬中出土24件骨镞，其中只有3件是此类长扁梃骨镞（图8，4、5），

---

① 潘玲：《伊沃尔加城址和墓地及相关匈奴考古问题研究》，科学出版社，2007。

该墓地还出土新莽时期的钱币和西汉晚期至东汉早期的铜镜。呼伦贝尔地区其他鲜卑墓葬不见此类骨镞。可见，长扁梃骨镞是西汉时期汉书二期文化及受其影响遗存流行的骨镞，新莽至东汉早期的古镞数量锐减，只占非常少的比例。蘑菇山M7的这件长梃骨镞最有可能是西汉时期的遗物。

蘑菇山M7随葬的大口深腹罐器壁较厚，腹部略圆（图8，9），其器身形制与蘑菇山M1的高圈足陶鍑的器身形制相似（图8，1），可以作为断代的参考。呼伦贝尔鲜卑墓葬出土的大口深腹罐大多数器壁厚度适中，有几种形制：第一类腹部外鼓，最大径位于中腹（图8，6）[①]；第二类器身略显瘦，肩部明显，最大径靠上，位于肩部（图8，7）[②]；第三类器身瘦长，肩部不显，底部略小，最大径位于中腹偏上处（图8，8）[③]；第四类似乎在第三类器物的基础上进一步发展而成，器身细高，下腹内收，器壁眰内凹，肩部外鼓，并有一周锯齿状附加堆纹，年代可追溯到十六国早期（图8，10）[④]。蘑菇山M7的大口深腹罐与以上四类形制均有较大差别。器壁较厚的大口罐在呼伦贝尔地区发现较少，器身均偏矮，年代均相对略早。如蘑菇山M3出土的大口深腹罐器壁就较厚，前文已论证该墓年代为新莽至东汉前期（图8，11）；1992年在拉布达林M5和M6挖掘的大口罐，器壁均略厚，这两座墓葬还各出土昭明镜和博局纹镜的残片，两者的年代应分别为西汉晚期至东汉早期、新莽至东汉早期（图8，12、13）。这种厚壁、矮身的大口罐，在外贝加尔西汉时期的德列斯图依墓地也有发现（图8，14）。

通过以上对蘑菇山M7出土长梃骨镞、大口深腹罐形制的分析，可将该墓年代判断为约西汉中期至东汉早期。

[①] 呼伦贝尔盟文物管理站：《扎赉诺尔圈河古墓清理简报》，《北方文物》1987年第3期。

[②] 内蒙古自治区文物考古研究所、呼伦贝尔盟文物管理站、额尔古纳右旗文物管理所：《额尔古纳右旗拉布达林鲜卑墓群发掘简报》，《内蒙古文物考古文集》第一辑，中国大百科全书出版社，1994，第384-396页。

[③] 内蒙古自治区文物考古研究所、呼伦贝尔盟文物管理站、额尔古纳右旗文物管理所：《额尔古纳右旗拉布达林鲜卑墓群发掘简报》，《内蒙古文物考古文集》第一辑，中国大百科全书出版社，1994，第384-396页。

[④] 呼伦贝尔市民族博物馆、海拉尔区文物管理所：《呼伦贝尔市团结墓地》，《内蒙古地区鲜卑墓葬的发现与研究》，科学出版社，2004，第3-15页。

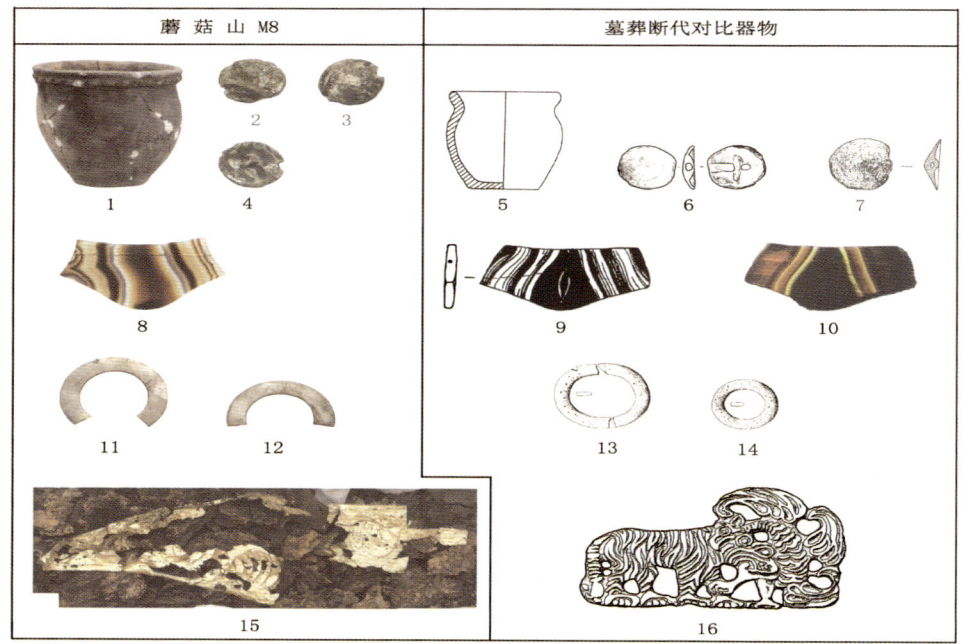

1-4、8、11、12、15-蘑菇山M8；5-蘑菇山M7；6-西岔沟M15；7-平洋砖厂M107；9、10-伊沃尔加M142（线图、照片）；13、14-德列斯图依M49；16-西岔沟墓地（1、5-大口深腹陶罐 2~4、6、7-铜泡 8~10-玛瑙坠 11、12-扁体玉环 13、14-扁体泥灰岩环 15-包金箔腰带局部照片 16-动物纹铜牌饰）。

图9 蘑菇山M8器物断代对比图

八、蘑菇山M8

该墓随葬品相对丰富，墓主人腰部有包金箔的腰带、玉环，颈部戴由琉璃珠和带条纹玛瑙坠组成的项链，由此可判断出，在已发掘的12座墓葬中，此墓主人身份较高。蘑菇山M8可做断代分析的器物有陶罐、铜泡、玛瑙坠、玉环、包金腰带五类。

蘑菇山M8随葬的1件大口深腹罐，器身偏矮，口沿下有锯齿状附加堆纹，锯齿较钝而稀疏（图9，1）。陶器的壁厚度不详，器身形状与蘑菇山M7的大口深腹罐较相似（图9，5）。该陶罐虽然口沿下饰锯齿状附加堆纹形状，但与扎赉诺尔墓地大口罐的同类纹饰有明显差别，后者大口罐锯齿密集而尖锐。

蘑菇山M8出土的3件铜泡直径分别为1.5厘米、2.3厘米和2.8厘米，其中两件铜泡在桥形背钮下均有长三角形凹槽（图9，2-4）。这种形状和尺寸的铜泡在西汉时期西岔沟墓地、平洋砖厂墓葬均很常见①（图9,6、7），进入东汉时期则非常少见或没有。

蘑菇山M8墓主人颈部挂的项链底部有一个"U"形的带纵向彩色条纹的玛瑙坠饰，有一横向穿孔，坠饰长6.3厘米（图9,8）。类似这种形状和尺寸的玛瑙坠饰在伊沃尔加墓地M142也发现1件，其纹饰也与蘑菇山M8的非常接近（图9,9、10）。

蘑菇山M8墓主人腰部附近发现两件扁体玉环，直径6.5厘米（图9,11、12），类似这种形制和尺寸的石质扁体环在外贝加尔的德列斯图依墓地（图9,13、14）、伊沃尔加墓地均有发现，多数成对悬挂在腰带下面，在东汉时期的匈奴墓葬则不见此类扁体环②。成对的石质、铜质扁环大都流行于受匈奴文化影响的墓葬，如西汉时期匈奴墓葬、西岔沟墓地等，蘑菇山M8的玉环明显是受匈奴文化影响而出现的。

蘑菇山M8墓主人腰部有包金箔的皮腰带，金箔虽然残破，但是可见纹饰由成组的平行曲线组成（图9,15）。战国晚期长城地带的动物纹牌饰就流行这种平行线组成的纹饰③，西岔沟墓地出土这种纹饰的有"P"形动物纹牌饰，是这种纹饰牌饰中年代最晚的（图9,16）。西岔沟墓地的年代为西汉早期晚段至西汉中晚期。

根据以上对陶罐、铜泡、玛瑙坠饰、金箔带具纹饰的分析可知，蘑菇山M8的年代应与伊沃尔加墓地、德列斯图依墓地以及西岔沟墓地的年代接近，即主体年代在西汉中期，可早到西汉早期晚段。根据对包金箔腰带纹饰的分析，蘑菇山M8墓葬年代为西汉早期的可能性较大。

九、蘑菇山M9

该墓随葬有漆器，还有夹金箔玻璃珠、蓝色玻璃珠等，但是年代最明确的有1件泥质灰陶碗（图10,1）。该碗斜壁，平底边缘外凸，形状与拉布达林墓地92M10随葬的陶碗形状非常相似（图10,2）。1992年在拉布达林发掘的24座墓葬中，出土有铜镜、钱币和骨镞

---

① 辽宁省博物馆、辽宁省文物考古研究院、吉林大学边疆考古研究中心：《西丰西岔沟墓地》，文物出版社，2022。潘玲：《平洋墓葬再研究》，《边疆考古研究》第十一辑，科学出版社，2011，第215-243页。
② 潘玲：《伊沃尔加城址和墓地及相关匈奴考古问题研究》，科学出版社，2007。
③ 杨建华：《春秋战国时期中国北方文化带的形成》，文物出版社，2004。

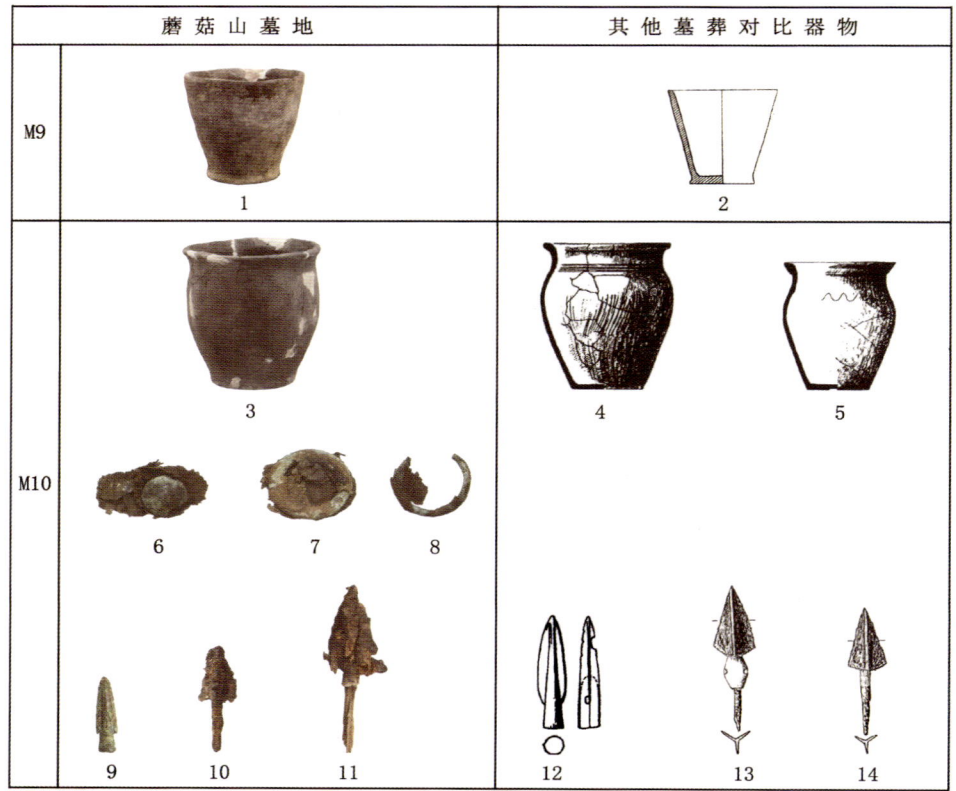

1-蘑菇山M9；2-拉布达林1992年发掘M10；3、6~11-蘑菇山M10；4-伊沃尔加M55；5-伊沃尔加M160；12-伊沃尔加城址；13、14-德列斯图依墓地M123（1、2-陶碗 3~5-大口深腹陶罐 6-铜泡 7、8-铜环 9、12-管銎铜镞 10、11、13、14-三翼铁镞）。

图10 蘑菇山M9、M10器物断代对比图

等，根据这些遗物的性质可判断出，应为西汉晚期至东汉前期，蘑菇山M9的年代也应与此相当。

十、蘑菇山M10

该墓随葬器物较多，包括大口深腹陶罐、铜泡、铜环、管銎铜镞、三翼铁镞等，大多数具有明显的西汉时期特征。

蘑菇山M10随葬的大口深腹陶罐（图10，3）的形状与外贝加尔伊沃尔加墓地等西汉时期匈奴墓葬出土的一种常见的大口深腹罐的形制较为相似（图10，4、5）。

两件铜泡的直径分别为1.8厘米和2厘米，其中一件铜泡背钮下有凹槽（图10，6）。蘑菇山M8的铜泡流行于西汉时期。该墓随葬的青铜环中，有一件为扁体铜环，直径5.6厘米；另一件为横截面近圆形的圆体铜环（图10，7、8）。蘑菇山M5的扁体铜环是流行于西汉时

期的器物。

蘑菇山M10随葬的1件青铜双翼管銎镞的器身近矛形（图10，9）。这种青铜双翼管銎镞在西汉早期晚段至西汉中晚期的西岔沟墓地M59、伊沃尔加城址均有发现（图10，12），数量非常少，两地均只发现1件，与蘑菇山M8所出的形制基本相同。

蘑菇山M10出土两件三翼铁镞，均无突尖（图10，10、11），前文分析蘑菇山M6的同类三翼铁镞已经说明，这种无突尖的铁镞是西汉时期匈奴墓葬流行的铁镞形制，见于外贝加尔西汉时期匈奴遗存（图10，13、14）。

蘑菇山M10还出土6件石镞，有三种形制，在东北地区西部发现的流行于西汉时期的石镞中均可见同类者。第一种石镞只有1件，器身细长，近柳叶形（图11，1），见于西汉中期前后的平洋砖厂墓地M107（图11，7）、西汉早期晚段至西汉晚期的西岔沟墓地（图11，8）、西汉中期前后的完工墓地M2（图11，10）；第二种石镞共3件，器身接近较窄的桂叶形，最宽处偏上，器身下半部略窄（图11，2-4），在完工墓地M2出土有一件与之类似形状的石镞（图11，11）。第三种石镞的器身上半部为柳叶形，下半部内收，形成较宽的梃，梃的底部平直（图11，5、6），这种形制的石镞见于西岔沟墓地（图11，9）、完工墓地M2（图11，13）。蘑菇山M10三种形制石镞的组合，与完工墓地M2的基本相同（图11，10-13）。但是完工墓地M2较蘑菇山M10多了一种器身较宽、近菱形的石镞（图11，12），这种镞应该是第二种形制的石镞。到东汉时期，呼伦贝尔地区一方面随葬石镞的鲜卑墓葬数量明显减少，另一方面石镞的形制锐减，只有一种器身较宽、最宽处略偏上的桂叶形石镞，应是在第二种形制的石镞的基础上发展而成的。如1992年在拉布达林墓地发掘的M24共出土7件石镞，形制均为较宽的桂叶形（图11，14~18）[①]。该墓随葬大泉五十，据此可知墓葬的年代在新莽至东汉早期。根据以上对比可知，蘑菇山M10的石镞形制、种类与东

[①] 内蒙古自治区文物考古研究所、呼伦贝尔盟文物管理站、额尔古纳右旗文物管理所：《额尔古纳右旗拉布达林鲜卑墓群发掘简报》，《内蒙古文物考古文集》第一辑，中国大百科全书出版社，1994，第384-396页（图11，14-17来源于此）。中国社会科学院考古研究所内蒙古工作队、内蒙古自治区文物局、北京大学文博学院、中国社会科学院蒙古族源研究中心、内蒙古蒙古族源博物馆、呼伦贝尔博物院：《呼伦贝尔民族文物考古大系：额尔古纳市卷》，文物出版社，2019，第76页（图11，18来源于此）。

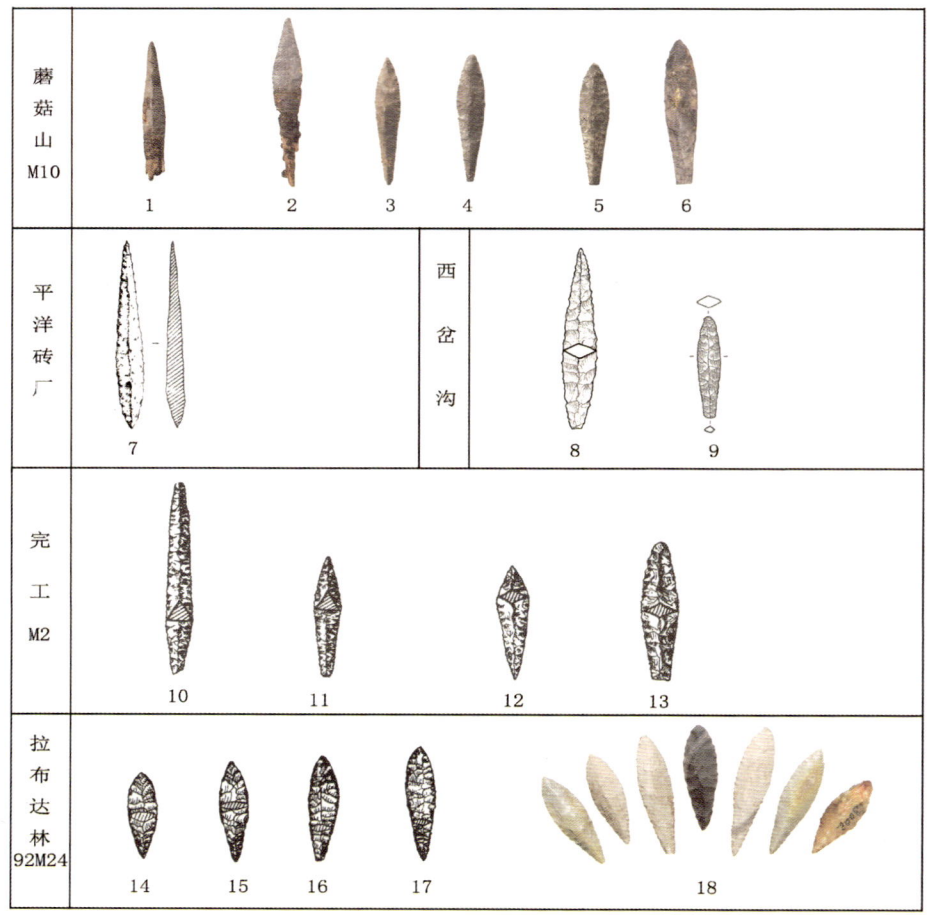

1~6-蘑菇山M10；7-平洋砖厂M107；8-西岔沟M45；9-西岔沟M23；10~13-完工M2；14~17-拉布达林1992年发掘M24（线图）；18-拉布达林1992年发掘M24。

图11 蘑菇山M10石镞断代对比图

北地区西部西汉时期墓葬发现的石镞较相似，与东汉时期的有明显差别，其中与完工墓地M2的最接近。根据完工墓地的年代，可将蘑菇山M10石镞的年代定为西汉中期前后。

根据以上对青铜环、铜泡、铁镞、青铜镞、石镞的分析，特别是对三种形制石镞的分析，可知蘑菇山M8的年代应在西汉早期晚段至西汉晚期，在西汉中期前后的可能性较大。

十一、蘑菇山M11

该墓随葬品中的陶罐、金耳饰、绿松石珠子和坠可以作为断代依据。

蘑菇山M11随葬的大口深腹陶罐器身瘦长，肩部略外弧，最大腹径偏上（图12，1），其形制特征与1986年在扎赉诺尔墓地发掘的一部分大口深腹罐较接近（图12，2、3）。

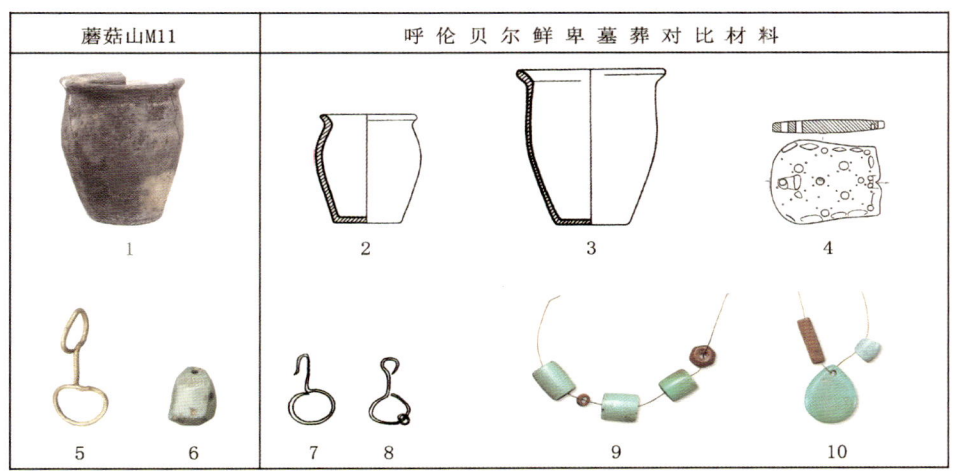

1、5、6-蘑菇山M11；2-扎赉诺尔1986年发掘M3003；3、4-扎赉诺尔1986年发掘M3012；7~8-拉布达林1992年发掘M5；9~10-拉布达林1992年发掘墓葬（1~3-大口深腹陶罐 4-煤精带扣 5、7、8-金耳饰 6-绿松石坠 9-绿松石珠和玛瑙珠 10-绿松石坠、绿松石珠和玛瑙管）。

图12 蘑菇山M11器物断代对比图

1986年在扎赉诺尔墓地M3012，与大口深腹罐同时出土的还有嵌宝石的椭方形煤精带扣，带扣的两侧边缘略内凹（图12，4），这是东汉时期椭方形带扣的形制特征，据此可将扎赉诺尔墓地M3012断为东汉时期墓葬[①]，蘑菇山M11的大口深腹陶罐的年代也应该与此接近。

蘑菇山M11随葬的金耳饰为一根金丝，两端各弯成环形。底部的环较大，金丝一端与环开口处另一侧的金丝有一小段重叠，没有缠绕在立柱上（图12，5）。这种耳饰形状和结构与1992年在拉布达林墓地M5发掘出土的两件金耳饰很相似（图12，7、8）。拉布达林墓地92M5出土流行于西汉晚期至东汉早期的昭明镜，此物上的文字字体较方正。在可断代为东汉中晚期的三道湾墓地等也出土有此类耳饰，但是耳饰下半部的圆环均用金丝的一端缠绕在立柱上，而不是与环的另一侧对接或重叠。所以，蘑菇山M11的这件金耳饰形制与拉布达林墓地92M5所出的较接近，年代也应与其相当，即西汉晚期至东汉早期或东汉前期。

蘑菇山M11出土1件绿松石坠，表面磨制光滑，形状规整，上端坠体变薄，中部有一穿孔（图12，6）。西汉时期的外贝加尔匈奴墓和完工墓地发现的绿松石坠均形制不规则，没有经过加工（详见上文蘑菇山M5断代分析）（图6，6-9）。经过精细加工的绿松石坠饰和珠子见于拉布达林墓地，发表的耳饰彩色照片资料虽然没有说明绿松石珠子和坠的出土单

---

① 潘玲：《两汉时期北方系统腰带具的演变》，《西域研究》2018年第2期。

位[①]，但是根据发掘简报发表的线图可知，绿松石坠和珠子均出自1992年在拉布达林发掘的墓葬（图12，9、10）。这批墓葬曾出土中原式铜镜和货币，其年代均为西汉晚期至东汉前期，故这些绿松石珠子和石坠的年代也应该在这一时期。可见，从西汉至东汉前期，匈奴及受其文化影响的鲜卑墓葬随葬的绿松石珠子和坠饰形制发生了明显变化，经历了从不加工定形到器表磨制工整的变化过程。蘑菇山M11的绿松石坠加工工整，器表磨光，其年代应与拉布达林墓地的同类器物年代相同，即在西汉晚期至东汉前期。

根据以上对陶罐、金耳饰、绿松石坠饰的分析，可将蘑菇山M11的年代定在西汉晚期至东汉前期。

十二、墓地年代、分期及文化特征

根据以上分析，可知蘑菇山墓地已发掘的11座墓葬年代范围为西汉早期晚段至东汉时期，其较晚墓葬年代在东汉早期的可能性最大，具体情况见下表：

蘑菇山墓地11座墓葬断代、分期表

墓号	分期	年代	断代器物
M1	一期	西汉	陶鍪
M2		西汉	陶壶
M5		西汉（也可能晚到新莽时期）	镂空动物纹铜牌饰、绿松石坠、铜环
M6		西汉（最可能为西汉中期前后）	三翼无突尖铁镞、銎孔式骨镞、分体骨弓弭
M7		西汉中期左右至东汉早期	扁梃长骨镞、陶罐
M8		西汉早中期	陶罐、近"U"字形玛瑙坠、铜泡、腰带上的金箔包片
M10		西汉早期晚段至西汉晚期	陶罐、青铜环、铜泡、三翼无突尖铁镞、青铜管銎镞、石镞
M3	二期	东汉前期	石镞、有突尖的三翼铁镞、铁腰带具
M4		新莽至东汉	马形金牌饰、铁腰带具
M9		新莽至东汉前期	陶碗
M11		西汉晚期至东汉前期	陶罐、金耳饰、形制规整的绿松石坠

在蘑菇山墓地发掘的11座墓葬中，有5座墓葬年代在西汉时期，4座在西汉晚期至东汉

[①] 中国社会科学院考古研究所内蒙古工作队、内蒙古自治区文物局、北京大学文博学院、中国社会科学院蒙古族源研究中心、内蒙古蒙古族源博物馆、呼伦贝尔博物院：《呼伦贝尔民族文物考古大系：额尔古纳市卷》，文物出版社，2019，第76页（图11、18来源于此）。

时期，两座可能在西汉至东汉早期。其中蘑菇山M4因铁腰带形制不详，只能粗略断在新莽至东汉时期。但是参考其他4座可晚到东汉时期墓葬的年代，推测蘑菇山M4年代应不会晚于东汉早期，即在新莽至东汉早期的可能性最大。可见这11座墓葬的主体年代偏重于西汉时期，墓地延续时间接近二百年，可进一步将这11座墓葬分为两期，早期有5座墓葬，年代为西汉早中期至西汉晚期；晚期有4座墓葬，年代为西汉晚期至东汉早期。

蘑菇山墓地的陶器以大口深腹罐为主体，墓葬的二层台上横搭木板和梯形木棺，流行随葬弓箭，这些特征在墓地一直延续，并且与呼伦贝尔地区同时期的鲜卑墓葬特征保持一致。这说明蘑菇山墓地是一座连续发展的鲜卑文化墓地。蘑菇山墓地整体年代明显早于呼伦贝尔地区的拉布达林、扎赉诺尔等鲜卑墓地，是目前发现年代最早的鲜卑墓地。

蘑菇山墓地早期墓葬的自身文化特征不明显，陶器、矩形镂空动物纹牌饰、铁镞、弓弭、玛瑙坠和绿松石坠饰明显受到匈奴文化影响，骨镞和石镞受呼伦贝尔地区及其邻近地区的汉书文化影响，铜泡和扁体铜环也受到汉书二期文化影响。这一时期应为鲜卑文化的酝酿和初步形成时期，目前可确定属于这一时期的鲜卑墓葬只见于蘑菇山墓地，这说明此时的鲜卑是一支人数较少、自身文化特征不明显且受到周边地区文化影响的势力较弱的北方部族。

蘑菇山墓地晚期墓葬随葬双马形牌饰、一根金丝弯成的耳饰、敞口碗等不见于其他文化遗存的鲜卑文化特有器物，大口深腹陶罐的形制也与匈奴的有较明显的差别，与本地其他鲜卑墓葬的大口深腹罐形制趋同。这说明在蘑菇山墓地晚期墓葬中，鲜卑的文化特征已经形成。此时鲜卑墓葬在呼伦贝尔地区分布范围也明显扩大，出现拉布达林、扎赉诺尔等规模较大的墓地。这反映出此时鲜卑的部族规模和分布范围明显扩大，摆脱了周边势力的影响，形成了具有自身文化传统的族群。

十三、学术意义

蘑菇山墓地是国内迄今发现年代最早的鲜卑文化墓地，它的发现，将鲜卑在呼伦贝尔地区出现的时间提早到了西汉早期，这在鲜卑历史研究中有重要意义。

西晋时期王沈著的《魏书》曾记载，鲜卑和乌桓是东胡后代，东胡在秦汉之际被匈奴冒顿单于打败而分别逃往两处，各以所到达地区的地名为族名[①]，这是关于鲜卑和乌桓族源最早的记载。但是，该文献出现的时间距离冒顿打败东胡约五百年，其中是否有演绎的成分？这一记载在西晋时期是否有文献依据？这些都值得怀疑。成书于两汉时期的《史记》和《汉书》均没有涉及鲜卑和乌桓的族源问题。

如今在呼伦贝尔地区发现可早到西汉早期的以鲜卑文化为主体的蘑菇山墓地，在该地区有同一时期的以汉书二期文化为主体的完工墓地[②]，有南迁到辽宁中北部的以汉书文化为主体的西岔沟墓地[③]。上述三处墓地年代均不晚于西汉中期，均受到匈奴文化的强烈影响。这些考古发现说明匈奴势力确实在西汉早期对东北地区北部人群造成巨大冲击，导致实力强大的以松嫩平原西北部为基地的汉书二期文化迅速衰落，其中一支伴随着匈奴文化的影响，南下至位于辽东西汉塞外的西丰西岔沟墓地一带[④]。从时间、地点和文化特征三个方面分析，受汉书文化影响的部族，最有可能是被匈奴打败后迁走的乌桓[⑤]。在呼伦贝尔地区，没有发现早于蘑菇山墓地的同类遗存，目前只发现蘑菇山墓地这一处主体为西汉时期的鲜卑墓地。所以，鲜卑族，很有可能是从呼伦贝尔地区以西的俄罗斯东外贝加尔地区或蒙古国东北部一带，因受匈奴的打击而进入呼伦贝尔地区南部，并在两汉时期在此进一步发展壮大。也就是说，鲜卑被匈奴打败后，从西向东迁徙到今呼伦贝尔地区，在那里停留近三百年后才开始大批南下；乌桓被匈奴打败后，其中一支很快向南迁到今辽宁省中北部的西丰县一带。

可见，王沈对鲜卑和乌桓族源的记载，不是凭空的演绎，应该有文献或史实依据。但

---

① 《三国志》第 30 卷《乌丸鲜卑东夷传》裴松之注中引用王沈的《魏书》内容，中华书局，1959，第 832、833 页。
② 潘玲：《完工墓地的文化性质和年代》，《考古》2007 年第 9 期。
③ 辽宁省博物馆、辽宁省文物考古研究院、吉林大学边疆考古研究中心：《西丰西岔沟墓地》，文物出版社，2022。
④ 辽宁省博物馆、辽宁省文物考古研究院、吉林大学边疆考古研究中心：《西丰西岔沟墓地》，文物出版社，2022。
⑤ 辽宁省博物馆、辽宁省文物考古研究院、吉林大学边疆考古研究中心：《西丰西岔沟墓地》，文物出版社，2022。

是他的观点有一点与考古发现相矛盾，即考古发现乌桓和鲜卑并非同源，两者人群的主体体质特征分别为蒙古人种北亚类型、蒙古人种东北亚类型，虽然两者都有北亚蒙古人种的成分，但是所占比例明显有差距[①]。文化特征也与体质特征类似，但是主体特征明显有别。所以，鲜卑和乌桓应该是最初居住地域邻近、文化上有联系的两支来源不同的人群。

（本文原发表于《北方民族研究》第十二辑，科学出版社，2021年。现略作了适当修改。）

[①] 朱泓：《中国东北地区的古代种族》，《文物季刊》1998年第1期。朱泓：《从扎赉诺尔汉代居民的体质差异探讨鲜卑族的人种构成》，《北方文物》1989年第2期。

内蒙古凉城县小坝子滩西晋金银器群史事探微

张文平

（内蒙古博物院）

一、前人研究成果综述

1956年，在今天内蒙古乌兰察布市凉城县小坝子滩村附近的沙虎子沟的一个土坑内发现一组金银器，共有各类器物13件。因遗存的其他状况不明，并未给予命名，研究者只是从不同角度进行了探讨和分析，试图解开这组器物的疑团。李逸友以古代官印为主对这批金银器作了介绍，并针对历史问题，将之与西晋咸宁三年（公元277年）"是岁，西北杂虏及鲜卑、匈奴、五溪蛮夷、东夷三国前后十余辈，各帅种人部落内附"[1]之事联系起来，认为"这批印可能即为当时所封发的"，同时也提出了"乌桓与鲜卑部族有别，而居住地也各有不同，为何埋藏在一起"这一值得研究的问题[2]。

此后，张景明针对小坝子滩金银器群的每个器物作了详细介绍，并将13件金银器大体分为金印、银印、饰牌、饰件、戒指等几类。这批器物的基本情况是："晋乌丸归义侯"金印一方，印体扁方形，长2.3厘米，宽2.2厘米，高2.8厘米，卧驼状钮，印面阴刻篆书"晋乌丸归义侯"六字（图1）；"晋鲜卑归义侯"金印一方，印体扁方形，边长2.5厘米，高2.6厘米，卧驼状钮，印面阴刻篆书"晋鲜卑归义侯"六字（图2）；"晋鲜卑率善中郎将"银印一方，印体扁方形，边长2.2厘米，高2.6厘米，卧驼状钮，印面阴刻篆书"晋鲜卑率善中郎将"八字（图3）；四兽形金饰牌1件，采用透雕工艺，四兽两两相对，上下排列，兽首向外，作张口吞物状，屈身，短尾上卷，饰牌上有多个穿孔，背面刻有"猗㐌金"三字（图4、图5）。其他还有虎噬鹿纹金饰牌、四兽形金饰牌、跪兽形金饰牌、跪兽形嵌宝石金饰牌、锥形金饰各1件，兽面形嵌宝石金戒指、管形金饰各2件。张景明基本承袭了李逸友的观点，认为这些印信与晋武帝司马炎于咸宁三年对归附部族的加封有关。同时，张景明也进一步分析指出，到公元3世纪末，拓跋鲜卑三分，其中猗㐌率一部居"代郡之参合

---

[1] 《晋书》卷三《武帝纪》，中华书局，1974，第68页。
[2] 李逸友：《内蒙古出土古代官印的新资料》，《文物》1961年第9期。

图1 "晋乌丸归义侯"金印　　　　图2 "晋鲜卑归义侯"金印　　　　图3 "晋鲜卑率善中郎将"银印

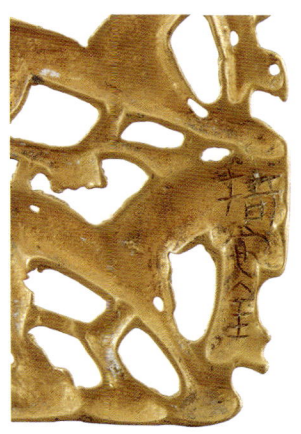

图4 "猗㐌金"四兽形金饰牌局部

图5 "猗㐌金"四兽形金饰牌

陂北"①，参合陂位于今天凉城县境内，那么这批金银器中的四兽形金饰牌所刻"猗㐌金"三字，正与《魏书·序纪》记载的猗㐌部的活动范围相符合；猗㐌曾助并州刺使司马腾击刘渊有功，晋假以金印；拓跋鲜卑的祖先在南迁过程中，有神兽导行的神话，故小坝子滩金器上的兽纹可能与拓跋鲜卑族源与祖源神话有关②。陈国灿与张景明都认为，"晋鲜卑归义侯"金印、"晋鲜卑率善中郎将"银印是西晋王朝对拓跋鲜卑首领的敕封，而"晋乌丸归义侯"金印是猗㐌与乌桓贵族斗争时得来的战利品③。二人的共同点是都将这批金银器的

---

① 《魏书》卷一《序纪》，中华书局，1974，第5页。
② 张景明：《内蒙古凉城县小坝子滩金银器窖藏》，《文物》2002年第8期。
③ 陈国灿：《魏晋间的乌丸与"护乌丸校尉"》，《魏晋南北朝隋唐史资料》第一辑，武汉大学，1979年。

年代定位于拓跋鲜卑三分之际。

田余庆对于这批金银器的看法颇为深刻,在《代北地区拓跋与乌桓的共生关系—〈魏书·序纪〉有关史实解析》一文中,重点强调了"晋鲜卑归义侯"与"晋乌丸归义侯"二印同出,"正是代北拓跋与乌桓共生现象的一个重要物证。考虑到乌桓王库贤得居拓跋力微身边之例,乌桓首领与拓跋猗㐌同处一地也属可能。这样说来,分属鲜卑(此指拓跋)和乌桓的印章应当就是此二族随身之物而被不明的原因掩埋一处。顺此剖析,印章也许正是当年卫瓘受朝廷命赐遗之物,本来分属力微、库贤所有,各自传授后人而得同时出土于拓跋中部地境,而这里也是猗㐌居止附近之地。"①田余庆对于有关拓跋与乌桓共生的见解,为研究该金银器群的性质提供了重要思路。

循着田余庆的思路,首先考察一下魏晋时期拓跋鲜卑在代北地区的活动地域,进而明确出土金银器的沙虎子沟、小坝子滩在这一区域之内的地理意义。

二、拓跋鲜卑在代北的活动地域

东汉末年至魏晋初年之际,拓跋鲜卑从大泽(今内蒙古呼伦贝尔市呼伦湖)向南迁徙至"匈奴之故地"②,大体为今天河北省张家口市北部的张北高原至内蒙古锡林郭勒盟南部的金莲川草原一带③。最初,拓跋鲜卑依附于没鹿回部,向西迁徙至长川(今内蒙古乌兰察布市兴和县南北向川地)④。公元248年,没鹿回部大人窦宾去世,拓跋鲜卑部落大人力微

---

① 田余庆:《拓跋史探》(修订本),生活·读书·新知三联书店,2011,第191页。
② 《魏书》卷一《序纪》,中华书局,1974,第2页。
③ 汉武帝元光五年(公元前130年),汉军分四路出击匈奴,其中大将卫青一路"出上谷,至茏城,得胡首虏七百人。"在此之前,大约公元前3世纪中叶,赵国大将李牧常驻代郡、雁门郡,与匈奴单于常年对峙,曾经一战"大破杀匈奴十余万骑"。据《史记·匈奴列传》记载,大体推断,从战国晚期一直至汉武帝初年,匈奴的政治中心、祭祀中心茏城主要在雁门郡、代郡至上谷郡的以北一带,也就是今天河北省张家口市北部的张北高原至内蒙古锡林郭勒盟南部的金莲川草原一带,即为"匈奴之故地"。
④ 《魏书·序纪》原文记作"北徙长川",由"匈奴之故地"至"长川"大体是由东向西的方向,而将"西"记作"北",与北方游牧民族"方向的顺时针90°移位"现象有关。相关考证可参见大叶升一:《关于见于元朝、伊利汗国文献中方向的顺时针90°移位》,宝力格译,《蒙古学信息》2001年第2期。阿尔丁夫:《"方向的顺时针90°移位"差错与平面四方观念中的B种类型—同日本学者大叶升一先生商榷,兼谈北半球人类方向的演变》,《内蒙古师范大学学报》(哲学社会科学版)2012年第2期。

吞并没鹿回部，组成了一个以拓跋鲜卑为首的部落联盟。公元258年，拓跋鲜卑继续向西，迁徙至定襄之盛乐。在定襄之盛乐，拓跋力微与乌桓王库贤结为联盟，并主动与曹魏、西晋等中原王朝交好。

关于定襄之盛乐，一直被认为在汉代成乐县。成乐县故城，经多次考古发掘，可确定为今内蒙古呼和浩特市和林格尔县土城子古城[①]。土城子古城坐落于呼和浩特平原与南部山地丘陵区的交界地带，西南临黄河支流什拉乌素河支流宝贝河。城址由南城、中城、北城三部分组成。南城平面大致呈方形，南北长约550米，东西宽约520米，主要包含了汉代、北魏两个时期的文化层；中城位于南城西北部，平面呈长方形，南北长约730米，东西宽约450米，城内文化层堆积最深处有10余米，包含了战国、汉代、北魏、唐代、辽代、金代、元代等多个历史时期的文化遗存；北城面积较大，平面大体呈四边形，东西长约1450米，南北长约1740米，地层堆积较为简单，主要为唐代遗存。

该城址南城时代最早，为西汉定襄郡郡治成乐县。汉高祖十一年（公元前196年），于云中郡东部、南部新设定襄郡，辖十二县，将呼和浩特平原东部、南部的山地丘陵区正式纳入了西汉王朝的国家行政区划管理之中。东汉时期，定襄郡移治善无县（在今山西省右玉县右卫镇），成乐县划归云中郡管辖。北魏沿用了汉代的南城，并新建了中城。唐代新建了北城，设单于大都护府。辽金元时期，对中城作了加筑沿用，辽代设丰州振武县，到金元时期降为丰州振武镇。一般认为，"盛乐"即"成乐"，于是拓跋鲜卑迁徙所至"定襄之盛乐"，被想当然地认为是土城子古城。这一说法，最早可追溯至唐代的地理志书《元和郡县图志》，"单于大都护府"条下记曰："本汉定襄郡之盛乐县也，后魏都盛乐，亦谓此城。"[②]。《元和郡县图志》直接把汉代成乐县写作盛乐县，北魏沿袭为都城盛乐。

[①] 内蒙古自治区文物工作队：《和林格尔县土城子试掘记要》，《文物》1961年第9期。张郁：《内蒙古和林格尔县土城子古城发掘报告》，《考古学集刊》第六集，中国社会科学出版社，1989。内蒙古自治区文物考古研究所：《和林格尔县土城子古城考古发掘主要收获》，《内蒙古文物考古》2006年第1期。
[②] 李吉甫撰《关内道四》卷四《元和郡县图志》，贺次君点校，中华书局，1983，第107页。

关于盛乐的观点，绝大部分与《元和郡县图志》的记载相似[1]。

古代很多由北方民族语言音译而来的汉语，今天已难以完全知晓其原始含义，但绝非可以用现代汉语的意思去附会。譬如赫连勃勃建立的大夏国都城统万城，《元和郡县图志》将统万城理解为"统一天下，君临万国"一语的缩略[2]；而经考证，"统万"又可写作"统万突""吐万突"，为匈奴语tüman（万）的复数形式，即tümed，表示拥有众多之意[3]。古汉语中，"盛"源于"成"，读作cheng；但后来"盛"也衍生出一些含义，如盛大、旺盛等。《魏书》《水经注》等记载拓跋鲜卑及北魏历史的第一手史料，并未提及汉代成乐县与盛乐之间的关系。目前关于土城子古城的考古工作，发现有北魏时期的遗存，但并未能够提供其为拓跋代国时期盛乐城的确凿证据。

所以，关于盛乐，有重新考证的必要。《后汉书·乌桓鲜卑列传》记载有饶乐水[4]，《三国志·乌丸鲜卑东夷传》写作乐水[5]，据考证为今天西辽河上游西拉木伦河。《魏书》数次提到弱洛水，或作弱落水，或为西辽河上游西拉木伦河[6]，或为今天内蒙古乌兰察布市四子王旗境内的希拉穆仁河[7]。西拉木伦、希拉穆仁，均为蒙古语"黄水"（sira müren）之意。到辽代，西拉木伦河名为袅罗个没里、女古没里、世里没里，均为契丹语"黄水"（niolk）之意，其语源则为鲜卑语饶乐水[8]。如此，则盛乐、盛洛应与饶乐、作乐、弱洛、

---

[1] 著名考古学家宿白在《盛乐、平城一带的拓跋鲜卑——北魏遗迹——鲜卑遗迹辑录之二》（《文物》1977年第11期）一文中，认为和林格尔县土城子古城即盛乐城遗址。关于盛乐的历史地理考证，日本学者松下宪一著的《拓跋鲜卑的都城与陵墓——以呼和浩特地区为中心》（《草原文物》2011年第1期）一文，史料收集最为全面。

[2] 李吉甫撰《关内道四》卷四《元和郡县图志》，贺次君点校，中华书局，1983，第100页。

[3] 陈喜波：《"统万突"与"薄骨律"词义考证》，《西北民族大学学报》（哲学社会科学版）2009年第6期。

[4] 《后汉书》卷九十《乌桓鲜卑列传》，中华书局，1965，第2985页。

[5] 《三国志》卷三十《乌丸鲜卑东夷传》，中华书局，1959，第836页。

[6] 《魏书》卷二《太祖纪》，中华书局，1974，第22页。《魏书》卷一百《列传第八十八》，中华书局，1974，第2222页。

[7] 《魏书》卷一百三《列传第九十一》，中华书局，1974，第2290、2308、2312页。

[8] 清格尔泰：《契丹文字研究》（蒙古文），《清格尔泰文集》第五卷，内蒙古科学技术出版社，2010，第523-524页。刘迎胜：《西北民族史与察合台汗国史研究》，中国国际广播出版社，2012，第40页。

弱落一样，均为鲜卑语"黄色"之意，后为契丹语所传承。

经以上分析，可明确盛乐为鲜卑语，盛乐即饶乐，拓跋鲜卑驻牧盛乐之后，将呼和浩特平原之上最主要的黄河支流大黑河称作盛乐水。大黑河在《汉书·地理志》中分别称作荒干水①，《水经注》称大黑河为芒干水②；芒干水与荒干水含义大致相同，均为汉语称呼的水名。饶乐、盛乐和袅罗个、世里等词语，除"黄色"之意外，还具有"黄金"之意。北魏早中期皇陵名为金陵，隋唐史籍中称大黑河为金河，为此种解释增添了两个非常有价值的证据。

历史时期以来，大黑河流域一直是呼和浩特平原的中心，战国秦汉时期的云中郡故城（今呼和浩特市托克托县古城村古城）位于大黑河南岸；隋代，突厥启民可汗驻牧于大黑河流域，隋炀帝大业三年（公元607年）自榆林（今内蒙古鄂尔多斯市准格尔旗十二连城古城）过黄河，"泝金河而东北"③，抵达至位于大黑河畔的启民可汗牙帐；辽金元时期的丰州（今呼和浩特市赛罕区白塔古城）、云内州（今呼和浩特市托克托县西白塔古城）、东胜州（今呼和浩特市托克托县东沙岗城圐圙古城之中的大黄城、小黄城），合称"西三州"，东西呈一线布列于大黑河流域；明代蒙古土默特部阿拉坦汗修筑的归化城也在大黑河流域，今天成为内蒙古自治区首府所在地。位于大黑河流域的城邑，除水源丰富外，周边地区的交通也很便捷，尤其是方便与呼和浩特平原北部阴山的联系。而土城子古城的位置优势在于对呼和浩特平原南部低山丘陵区的控制，水热条件较大黑河流域均差一等。

拓跋鲜卑自乌兰察布丘陵向西迁徙所至"定襄之盛乐"，大致范围在今天呼和浩特平原大黑河流域的东部区域，包括了乌兰察布市卓资县西南部、凉城县西北部、呼和浩特市和林格尔县东北部及赛罕区、新城区的大部。这一地区，处于呼和浩特平原区与乌兰察布丘陵区的过渡地带，西汉时期设置有定襄郡，经济上农耕与畜牧兼容，从而成为拓跋鲜卑较为理想的驻牧地。

---

① 《汉书》卷二十八《地理志》，中华书局，1962，第1620页。
② 郦道元著《水经注校证》卷三《河水》，陈桥驿校证，中华书局，2007，第79页。
③ 《隋书》卷八十四《突厥传》，中华书局，1973，第1875页。

力微末年，拓跋鲜卑发生内讧，力微长子沙漠汗遭到拓跋鲜卑大人杀害，王库贤暗地里投靠西晋，乘机挑拨拓跋诸大人与力微的关系。力微不久于忧患中去世，拓跋鲜卑陷入了权力纷争的内乱之中。公元295年，重新整合后的拓跋鲜卑部落形成三分之势："昭皇帝讳禄官立，始祖之子也。分国为三部：帝自以一部居东，在上谷北，濡源之西，东接宇文部；以文帝之长子桓皇帝讳猗㐌统一部，居代郡之参合陂北；以桓帝之弟穆皇帝讳猗卢统一部，居定襄之盛乐故城。"①

拓跋鲜卑的三分之地中，东部的"上谷北，濡源之西"，就是拓跋鲜卑最初由大泽南迁所至"匈奴之故地"。沙漠汗的长子猗㐌成长为拓跋三部中的中部大人，猗㐌的驻牧地在"代郡之参合陂北"，"参合陂北"成为一个专用地名，即今天乌兰察布市察哈尔右翼前旗黄旗海盆地北部的集宁小平原。②参合陂东邻长川，二者之间的南北向低山丘陵区，山色发黑、乱石丛生，《魏书》名之为"石漠"③。

从参合陂北向西，经今乌兰察布市卓资县十八台镇、马盖图村、卓资山镇、牛角川河、大榆树乡、大榆树村，进入大黑河流域东部一带，即定襄之盛乐。定襄之盛乐大黑河畔有两座汉代古城，自东向西依次为二十家子古城（西汉定襄郡武皋县兼中部都尉治所）、八拜古城（汉代云中郡原阳县治所），后者即"定襄之盛乐故城"④。"参合陂北"与"定襄之盛乐"之间东西一线的通道是一条传统的驿路。西汉时期，定襄郡中部都尉的塞道，在二十家子古城向东经石人湾村至大榆树村东西一线，发源于这一地带的石人湾河在汉魏时期被认为是荒干水的源头⑤。公元258年，拓跋鲜卑从长川经这一通道，西迁至定襄之盛乐，部落三分之际又从定襄之盛乐向东扩展势力至参合陂北。

公元338年，拓跋什翼犍建代国，公元340年，从参合陂移都于云中之盛乐宫，公元341

---

① 《魏书》卷一《序纪》，中华书局，1974，第5-6页。
② 张文平：《燕魏参合陂之战地望新考》，《历史地理研究》2019年第2期。
③ 《魏书》卷二《太祖纪》，中华书局，1974，第43页。
④ 《魏书》卷一《序纪》，中华书局，1974，第6页。
⑤ 《汉书》卷二十八《地理志》，中华书局，1962，第1620页。

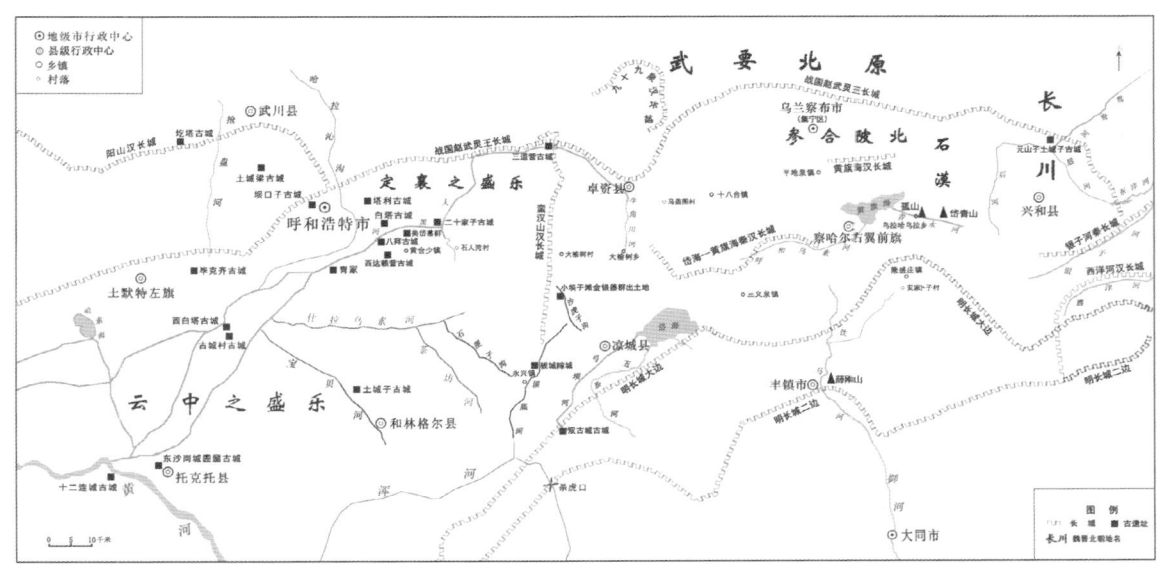

图6 拓跋鲜卑代北驻牧图

年,在"定襄之盛乐故城"南八里建盛乐城①。云中之盛乐宫、定襄之盛乐故城、盛乐城均位于大黑河南岸,云中之盛乐宫在西,为今呼和浩特市托克托县古城村古城,该古城是在战国赵国云中郡、秦汉云中郡云中县故城基础上加筑的;定襄之盛乐故城、盛乐城在东,分别为今呼和浩特市赛罕区八拜古城、西达赖营古城。《魏书》的作者魏收为了区分大黑河流域东、西两部分,在其前面分别加了汉代郡名。西汉时期,大黑河流域西部为云中郡,东部为定襄郡,所以西部为"云中之盛乐",东部为"定襄之盛乐"。当然这只是一个大致的区分,在汉代,八拜古城作为原阳县治城,位于云中郡的最东端,《魏书》仍称其为"定襄之盛乐故城"。盛乐宫与盛乐城,均位于大黑河南岸,东西相距约55000米,构成了代国在大黑河流域的双政治中心;盛乐城与定襄之盛乐故城,又构成了代国在定襄之盛乐的新、旧政治中心(如图6)。

西达赖营古城位于呼和浩特市赛罕区金河镇西达赖营村北侧的大黑河冲击平原之上,周边地势平坦,北距大黑河约5000米。古城平面呈长方形,南北长约410米,东西宽约360米。大部分墙体为堆土而成,小部分地段可见夯筑墙体,夯层厚11~17厘米。西墙之上,北侧有一座直径约25米的圆形台基,南侧有一座向外突出的马面。古城门址已被破坏。城内

---

① 《魏书》卷一《序纪》,中华书局,1974,第12页。

散布遗物有陶片、瓦片等，可见颈部饰三条平行线纹的泥质灰陶罐残片，板瓦较多见，瓦背多饰网格纹，瓦腹多饰布纹。从古城采集的少量遗物看，具有北魏时期的特点；古城西墙上残留的圆形台基、马面，亦具有北魏城址的风格。据传，早年间古城附近曾出土一方刻有铭文"□王猗卢之碑也"的石碑，原碑已不存，碑刻拓片现藏于北京大学图书馆[1]。

据《魏书·序纪》记载，什翼犍建国四年（公元341年），"秋九月，筑盛乐城于故城南八里。"[2]西达赖营古城西北距八拜古城约3500米，与北朝的八里大致相吻合。今天所见西达赖营古城，以北魏遗存为主，拓跋代国遗存尚无法确认。北魏时期，对盛乐城作了加筑沿用，称作"云中旧宫"，太武帝拓跋焘于始光三年（公元426年）六月"幸云中旧宫，谒陵庙"[3]，似为金陵之奉陵邑。云中之盛乐宫所在的古城村古城，北魏早期称之为盛乐旧都，后加筑沿用为云中镇及朔州治城，后又改制为朔州盛乐郡，今天所见城垣亦主要为北魏遗迹[4]。和林格尔县土城子古城在北魏时期的行政建制，《水经注》引《魏土地记》曰："云中城东八十里有成乐城。今云中郡治，一名石卢城也。"[5]位于云中城东八十里处的成乐城，北魏设朔州云中郡，城名石卢城，与西汉时期一样，管辖的地域范围主要是呼和浩特平原东部、南部的山地丘陵区。

什翼犍建代国，政治中心从大黑河流域东部扩展至西部，从而掌控了整个呼和浩特平原，称作云中或云中川。公元373年，什翼犍派遣左长史燕凤出使前秦，燕凤向前秦皇帝苻坚描绘代国雄风，讲道："云中川自东山至西河二百里，北山至南山百有余里，每岁孟秋，马常大集，略为满川。"[6]燕凤描绘的这个云中川，正是今天呼和浩特平原范围，西河指今南流黄河，北山是今大青山，东山、南山指低山丘陵区。

---

[1] 田余庆：《关于拓跋猗卢残碑及拓本题记二则——兼释残碑出土地点之疑》，《当代名家学术思想文库：田余庆卷》，万卷出版公司，2011。

[2] 《魏书》卷一《序纪》，中华书局，1974，第12、71页。

[3] 《魏书》卷四《世祖纪》，中华书局，1974，第71页。

[4] 据《魏书·地形志》记载，云州下辖四郡八县，为北魏末年改镇为州后的建制，在六镇起义之后均成为侨置郡县。云州由朔州改制而来，朔州之下于史籍中仅见盛乐、云中二郡，其中盛乐郡兼为朔州州治。

[5] 郦道元著《水经注校证》卷三《河水》，陈桥驿校证，中华书局，2007，第78页。

[6] 《魏书》卷二十四《列传第十二》，中华书局，1974，第610页。

这样，《魏书》记载的云中、盛乐可以有一个大概的区分。云中泛指呼和浩特平原，盛乐则位于呼和浩特平原之上的大黑河沿线，定襄之盛乐专指大黑河流域东部，云中之盛乐专指大黑河流域西部[①]。公元376年，拓跋代国灭亡之前，地名多用"盛乐"一词；而到了公元386年，拓跋珪复国，在公元398年定都平城之后，地名又多用"云中"一词。北魏早中期的皇陵——金陵，偶尔写作"盛乐金陵"，表明其位于大黑河沿岸；大部分写作"云中金陵"，表明其位于云中川之地，实际上说的是同一个地方[②]。据《魏书》记载："定襄陵庙之至重，平城守国之要镇。"[③]即将金陵的位置指向了定襄之盛乐，初步推断可能为西达赖营古城西北约13000米处的美岱墓群[④]。

什翼犍往往将参合陂作为夏天的驻牧地，即夏宫所在，秋天回到盛乐。除参合陂之外，盛乐以北的阴山之中，也应是代国夏天的驻牧之地。山地与平原相结合的地形环境，是游牧民族理想的牧场，夏天居于山地，冬天回到平原之上。正由于阴山与呼和浩特平原这样的一种结合体，拓跋鲜卑以阴山为圣山，以大黑河为圣水，形成盛乐——阴山驻牧体系。代国设置于盛乐的两个政治中心，向北均正对阴山之中的南北向通道，便于与阴山及其以北草原之间的联系。西达赖营古城向北正对哈拉沁沟，古城村古城向北正对抢盘河河谷，这两条通道最晚在汉代已经可以通车马。西汉时期，哈拉沁沟是云中郡东部都尉（与陶林县同治，今呼和浩特市新城区塔利古城）的塞道，抢盘河河谷是云中郡中部都尉（与北舆县同治，今呼和浩特市土默特左旗毕克齐古城）的塞道。

---

① 《魏书》所云"云中之盛乐"与"定襄之盛乐"的分界点，大概在唐代以来记载为"青冢"的所谓"王昭君墓"。青冢位于大黑河南岸，是大黑河东西一线与白道向南至和林格尔县土城子古城南北一线的交汇点。作为北魏时期呼和浩特平原的交通枢纽，太和十八年（公元494年），孝文帝北巡盛乐，在金陵至朔州的途中可能建有行宫。

② 据《魏书》载，在安葬拓跋珪母亲贺氏及拓跋珪本人时，提到盛乐金陵，其余均为金陵或云中金陵。北魏以"云中"为呼和浩特平原的常用地名，开国时期（公元386-398年）位于大黑河西部的行宫名为云中宫，道武帝拓跋珪之后，在称金陵为云中金陵的同时，将盛乐城作为金陵的奉陵邑，改称为云中旧宫。

③ 《魏书》卷十八《太武五王列传》，中华书局，1974，第432页。

④ 李逸友：《内蒙古土默特旗出土的汉代铜器》，《考古通讯》1956年第2期。李逸友：《关于内蒙古土默特旗出土文物情况的补正》，《考古通讯》1957年第1期。内蒙古自治区文物工作队：《内蒙古呼和浩特美岱村北魏墓》，《考古》1962年第2期。

公元376年，前秦进攻代国，什翼犍被击败，逃亡到阴山以北。不久，什翼犍又返回盛乐，为庶长子寔君所杀，代国灭亡，盛乐地区进入了短暂的前秦统治时期。公元398年，北魏定都平城之后，早中期的皇帝几乎每年夏天都要巡幸阴山，从而形成了固定的"阴山却霜"之俗。"阴山却霜"期间，皇帝们会拜谒金陵，驻跸于云中旧宫，此外，在阴山之中也建有广德殿（今呼和浩特市武川县纳令沟圪塔古城）行宫。这一时期的北魏王朝，平城为其正式都城，盛乐名为"旧都"，具有夏都的性质。

三、一个假设性推理的建立

西晋泰始七年（公元271年），卫瓘担任征北大将军、都督幽州诸军事，兼任护乌桓校尉，管理乌桓、鲜卑等北边部族事务。《晋书·武帝纪》记载，咸宁三年（公元277年），"使征北大将军卫瓘讨鲜卑力微。"[①]《晋书·卫瓘传》记载："于时幽并东有务桓，西有力微，并为边害。瓘离间二虏，遂致嫌隙，于是务桓降而力微以忧死。"[②]后一则史料中的务桓，指的是以王库贤为首的乌桓部落，驻牧于拓跋鲜卑的东部，大致在幽州（在今北京市）以北一带。在卫瓘的挑拨离间之下，力微、王库贤组成的部落联盟被瓦解，力微死，王库贤降，卫瓘因此受到朝廷奖赏。

在这个历史事件中，力微长子沙漠汗是关键性人物之一。咸宁元年（公元275年），沙漠汗赴西晋朝觐，获得了丰厚的赏赐，"晋遗帝锦、罽、缯、彩、绵、绢、诸物，咸出丰厚，车牛百乘。"[③]归国途中，沙漠汗行至并州（在今山西太原市），为卫瓘所留，卫瓘看到沙漠汗气质非凡，恐将来成为边患，于是密谋杀害沙漠汗。卫瓘先用重金贿赂拓跋鲜卑大人，利用他们离间力微与沙漠汗的父子关系。咸宁三年（公元277年），沙漠汗从并州归国，在阴馆（在今山西省朔州市朔城区）与前来迎接的拓跋鲜卑大人会面，宴会上，沙漠汗乘兴表演了飞弹射鸟的技艺。有的大人先期回到盛乐，向力微汇报，说："太子才艺非常，引空弓而落飞鸟，是似得晋人异法怪术，乱国害民之兆，惟愿察之。"力微轻信谗言，

---

① 《晋书》卷三《武帝纪》，中华书局，1974，第67页。
② 《晋书》卷三十六《列传第六》，中华书局，1974，第1057页。
③ 《魏书》卷一《序纪》，中华书局，1974，第4页。

"于是诸大人乃驰诣塞南,矫害帝。"①

从并州至阴馆,需要穿越今天雁门山之中的雁门关,北朝时期名为"句注陉"。阴馆沿袭自汉代雁门郡旧县。西汉时期,将雁门郡设置于句注陉以北,郡治善无县(今山西省右玉县右卫镇);到东汉时期,雁门郡郡治阴馆,善无县成为定襄郡郡治。从阴馆至善无,有一条南北向的驿路,驿程距离约120千米,骑马大约需要走4天。西汉时,雁门郡有东部、西部两个都尉,东部都尉治平城县(在今山西大同市市区),西部都尉治沃阳县,沃阳县故城为今乌兰察布市凉城县双古城古城②。善无县在浑河上游苍头河东岸,沃阳县位于善无县的东北方向,自善无县顺苍头河北上,再向东北顺岱海内流河——弓坝河(汉代名沃水)进入岱海盆地,即可至沃阳县,二县之间仅有一天的驿程。沃阳县作为西汉雁门郡西部都尉治所,其塞道所在应是从沃阳县向北经岱海盆地出蛮汉山南北一线。

蛮汉山东西横亘于岱海盆地北部,在盆地西北部的蛮汉山之中,主要有两条山间通道,东部为沙虎子沟,西部为石匣子沟,均可通往呼和浩特平原。西汉时,定襄郡在蛮汉山之上修筑有一道南北向的长城,起到由西向东的防御作用,位于长城沿线的乌兰察布市卓资县三道营古城、呼和浩特市赛罕区二十家子古城,依次为定襄郡武要县兼东部都尉治所、武皋县兼中部都尉治所。西汉定襄郡西部都尉与武进县同治,据《汉书·地理志》载:"武进,白渠水出塞外,西至沙陵入河。"③白渠水为自东向西流经呼和浩特平原南部的什拉乌素河,今天的源头在和林格尔县西沟门乡向南的石匣子沟之中,源出于黑老窑乡的茶坊河是其主要支流。据《水经注》记载:(白渠)"水出塞外,西迳定襄武进县故城北……"④武进县最有可能在和林格尔县西沟门乡西沟门村至盛乐镇公喇嘛村之间,但这一区域之内,目前尚未能发现汉代城邑。武进县治所存疑,但位于今天岱海盆地与呼和浩特平原之间的石匣子沟,应是西汉定襄郡西部都尉治下的塞道。如此,位于石匣子沟之东的沙虎子沟,当是西汉雁门郡西部都尉的塞道所在。

---

① 《魏书》卷一《序纪》,中华书局,1974,第4-5页。
② 凉城县文物保护管理所:《凉城县文物志》(内部资料),1992年,第115-122页。
③ 《汉书》卷二十八《地理志》,中华书局,1962,第1620页。
④ 郦道元著《水经注校证》卷三《河水》,陈桥驿校证,中华书局,2007,第78页。

沙漠汗从阴馆北归，先至善无县，然后顺着苍头河北上，经后来明长城上的杀虎口，至苍头河与浑河的交汇处，再顺着浑河东行，至双古城古城；再由双古城古城北行，自坝底河河谷进入蛮汉山，过蛮汉山分水岭之后进入沙虎子沟。出沙虎子沟，就到了西汉时期的雁门郡辖区，向西开始进入西汉时期的定襄郡辖区。到西晋时期，蛮汉山汉长城对于拓跋鲜卑仍然具有边塞的意义，是拓跋鲜卑驻牧"定襄之盛乐"的东界。沙漠汗走到小坝子滩一带，马上要出沙虎子沟，但还没有进入蛮汉山汉长城之内，在拓跋鲜卑认为的"塞南"之地，惨遭杀害。从小坝子滩过蛮汉山汉长城至石人湾河一带，仅仅只剩下一天的驿程。蛮汉山汉长城为南北走向，小坝子滩位于长城东侧，这里"塞南"的描述同样反映了北方游牧民族"方向的顺时针90°移位"现象，位置在"东"的事物往往写作"南"。

　　沙漠汗遇害之际，拓跋鲜卑诸大人具体发生了如何的打斗，今天已无从得知。小坝子滩出土的金银器群，其主人显然并非一般人，此人在拓跋鲜卑中应有一定的地位，并且与中原有交往的机会，或得到西晋朝廷的高度重视。在那个时期，此人非沙漠汗莫属，故这些金银器，或其中的一部分是沙漠汗随身携带的西晋王朝赏赐之物的可能性极大。而这些器物遗落在沙漠汗遇害之地，也提高了这种可能性。根据沙漠汗遇害事件，笔者尽可能进行合乎情理的分析，或有两种可能值得注意。一种可能是沙漠汗于危急之际，将这些金银器匆匆丢弃；另一种可能是拓跋鲜卑诸大人杀死沙漠汗后，恐力微得知真相，并知道这些西晋王朝赏赐之物于己不利，于是掩埋了它们，甚至与卫瓘的策划不无关系。这些金印、银印反映了西晋王朝对拓跋鲜卑等部族首领的分封。"晋鲜卑归义侯"金印、"晋乌丸归义侯"金印，应是分别赐予力微、王库贤二人的。"晋鲜卑率善中郎将"银印的受赐者，应是沙漠汗本人，是西晋认可的力微接班人。背面錾刻"猗㐌金"字样的四兽形金饰牌，则是赐予沙漠汗长子猗㐌的。这时的猗㐌，尚处于幼年时期[1]，饰牌上錾刻的"猗㐌金"三字显得分外拙朴。

　　自公元258年，力微从长川西迁至定襄之盛乐，拓跋鲜卑长期以此为根据地，力量不断

---

[1] 经田余庆考证，猗㐌生于公元267年，卒于公元305年，具体参见《拓跋史探》（生活·读书·新知三联书店2011年版）第157页脚注③。如此，沙漠汗遇害之时，猗㐌年仅十一岁。

发展壮大。拓跋鲜卑是继檀石槐鲜卑、轲比能"小种鲜卑"之后在漠南地区新崛起的一支鲜卑力量，力微受到了西晋赐予的"晋鲜卑归义侯"封号，秩比郡县。由于沙漠汗半路遭截杀，力微可能并不知晓自己的这个封号，所以在《魏书》等史料中没有记载下来。

沙漠汗被杀，王库贤暗地里投靠西晋，乘机挑拨拓跋鲜卑诸大人与力微的关系，力微不久于忧患中去世，拓跋鲜卑陷入了权力纷争的内乱之中。公元295年，重新整合后的拓跋鲜卑部落形成三分之势。此时，沙漠汗的长子猗㐌已成长为拓跋三部中的中部大人。关于猗㐌的驻牧地"代郡之参合陂北"，有的学者认为在今凉城县岱海盆地，田余庆也以为如此。小坝子滩位于岱海盆地之北，于是想当然地将金银器群出土地与猗㐌驻牧地联系了起来，将"猗㐌金"指向了拓跋部落三分时的猗㐌大人。

猗㐌在位期间，曾协助西晋并州刺史司马腾攻打南匈奴刘渊，公元305年，"晋假桓帝大单于，金印紫绶。"①猗㐌受到西晋王朝赐予的"大单于"封号，地位比力微的"晋鲜卑归义侯"高，大单于秩比外诸侯，拓跋鲜卑进入部落大联盟阶段。猗㐌、禄官先后去世，猗卢总领三部，与西晋交好，于公元310年受封大单于、代公，公元315年又进封为代王②，一个地方民族政权已初具规模。什翼犍在位期间，利用五胡南下中原的机遇，在代北建立起了五胡十六国之外的第十七国——代国。所以，"晋鲜卑归义侯"金印，最有可能为西晋王朝授予力微之物。

四、小结

从錾刻"猗㐌金"的四兽形金饰牌出发，前人多将小坝子滩金银器群与拓跋鲜卑三分时的中部大人猗㐌联系了起来。本文结合田余庆关于拓跋与乌桓共生于代北的研究成果，重新考证小坝子滩金银器群，实际上与沙漠汗遇害事件密切相关，"晋鲜卑归义侯"金印、"晋乌丸归义侯"金印和"晋鲜卑率善中郎将"银印是西晋王朝分别授予力微、王库贤和沙漠汗的印信，而"猗㐌金"四兽形金饰牌则是临时授予沙漠汗长子猗㐌之物。

拓跋鲜卑由大泽南迁漠南之后，关于其在代北地区的活动地域，由于史料记载的讹误，

---

① 《魏书》卷一《序纪》，中华书局，1974，第7-9页。
② 《魏书》卷一《序纪》，中华书局，1974，第7-9页。

一直模糊不清。沙漠汗遇害于"塞南"之地，小坝子滩金银器群的出土地位于蛮汉山汉长城外侧，从而表明当时力微驻牧的"定襄之盛乐"位于大黑河流域东部地区，东界止于蛮汉山汉长城。到拓跋部落三分之际，拓跋鲜卑的势力范围从"定襄之盛乐"东扩至"参合陂北"及"上谷北、濡源之西"。西部大人猗卢所居"定襄之盛乐故城"，为汉代云中郡原阳县故城。随着拓跋鲜卑势力不断壮大，在与西晋王朝的交往中掌握了越来越多的主动权，西晋王朝授予拓跋大人的封号不断提高。到什翼犍时期，拓跋代国的势力范围顺着大黑河向西扩展至南流黄河东岸，在大黑河西部建"云中之盛乐宫"，在"定襄之盛乐故城"南八里建盛乐城，构成了盛乐地区的双政治中心。盛乐宫、盛乐城在北魏时期均有加筑沿用，到代国时期为何种形制难以确定。北魏定都平城之后，作为拓跋鲜卑的龙兴之地，"盛乐旧都"的政治地位依然很高，设置有云中镇、朔州等行政军事建制，守卫皇家陵寝与宗庙。

从拓跋力微至什翼犍时期，目前能够确认的遗物除小坝子滩金银器群之外，还有托克托县古城村古城出土的一件铜佛像、包头市达尔罕茂明安联合旗出土的西河金器群，前者属于拓跋代国建都云中之盛乐宫时期的遗物[1]，后者则反映了拓跋代国时期什翼犍与慕容部之间的联姻关系[2]。所以，小坝子滩金银器群为研究拓跋鲜卑在代北地区的发展历程及其与西晋王朝关系的演变提供了珍贵的实物资料，其历史价值远远大于金银器本身所具有的艺术价值。

（本文原发表于《南方文物》2023年第3期。现作了适当删节。）

---

[1] 石俊贵：《托克托文物志》（下册），中华书局，2006，第397页。
[2] 吴松岩、赵菲：《十六国早期拓跋部与慕容部联姻考——从内蒙古达茂旗出土金步摇冠饰谈起》，《边疆考古研究》第二十九辑，科学出版社，2021。

北魏平城文明的融合与发展

倪润安

（北京大学考古文博学院）

天兴元年（公元398年），北魏定都平城，"制定京邑，东至代郡，西及善无，南极阴馆，北尽参合，为畿内之田。"①此后近百年间，在京师及其周边，北魏逐步汇聚和融合了不同地域不同来源的文化因素，发展和创造了新的文化特点，形成了内涵丰富、意义重大的平城文明。从物质文化史的角度看，北魏平城文明至少可以包括四大方面，即都市文明、陵寝文明、军事文明和宗教文明。

一、北魏平城的都市文明

天兴元年正月，北魏灭后燕，道武帝亲临邺城，"巡登台榭，遍览宫城，将有定都之意。"②七月，最终选择平城为都城后，邺城是其将要模仿的样本之一。"太祖欲广宫室，规度平城四方数十里，将模邺、洛、长安之制，运材木数百万根。"③北魏平城由宫城、中城和外郭城三部分构成，是逐步建设并完善起来的。

北魏最先利用汉代平城原有的城垣而营建了宫城，"营宫室，建宗庙，立社稷。"从天兴元年至六年（公元403年），依次建成了天文殿、天华殿、太庙、太社、太稷、中天殿、云母堂、金华室、紫极殿、玄武楼、凉风观、石池、鹿苑台、西昭阳殿等。天赐元年（公元404年），筑西宫。④（此时，所筑西宫是将已建成的宫殿和近旁苑囿通过筑墙，与原汉平城的东部隔离开来，成为独立的宫城，即所谓"截平城西为宫城，四角起楼，女墙，门不施屋，城又无堑。"⑤）

到天赐三年（公元406年）六月，"发八部五百里内男丁筑灅南宫，门阙高十余丈；引

---

① 《魏书》卷一一〇《食货志》，中华书局，1974，第2850页。
② 《魏书》卷二《太祖纪》，中华书局，1974，第31页。
③ 《魏书》卷二三《莫题传》，中华书局，1974。
④ 《魏书》卷二《太祖纪》，中华书局，1974，第33-42页。《魏书》卷一〇八《礼志一》，中华书局，1974，第2735页。
⑤ 《南齐书》卷五七《魏虏传》，中华书局，1972，第984页。

沟穿池，广苑囿；规立外城，方二十里，分置市里，经涂洞达，三十日罢。"①道武帝兴建灅南宫，并在其周围建苑囿和外城。早在天兴六年（公元403年）九月，道武帝"行幸南平城，规度灅南，面夏屋山，背黄瓜堆，将建新邑。"②此时，平城的宫殿区建设刚刚初具规模，本可趁势修筑外城，道武帝却未将早已期许的邺城模式移植过来，态度相比天兴初年时发生了变化，显示出了对天兴制度汉化方向的迟疑，于是，他先在南平城试验了邺城模式。灅南宫应是南平城北部的宫城，设有苑囿，外城主要在宫城南侧，设有居民区——里，以及市场，还有齐整的街道。这明显受到了魏晋十六国邺城结构和布局的影响，同时也吸收了魏晋洛阳城设"市"的做法。

将邺城模式应用到平城，在宫城外修外郭城，则晚至明元帝末期。泰常七年（公元422年），"筑平城外郭，周回三十二里。"③《南齐书·魏虏传》称"其郭城绕宫城南，悉筑为坊，坊开巷。坊大者容四五百家，小者六七十家。"④平城外郭城设"坊"，而不像南平城外城那样设"里"，表明明元帝为应对柔然侵扰，开始加强平城的防御，修建了外城。"坊"比"里"具备更严格的围墙防护设施。把"里"改造成"坊"，是明元帝在北魏平城因应形势的创造性举措。

明元帝在去世前不到一个月时，计划对平城开始新的扩建。据《魏书》记载，泰常八年（公元423年），"冬十月癸卯，广西宫，起外垣墙，周回二十里。"⑤其中包含了两项工程：一是扩建西宫，将宫城范围扩展到了原汉平城的东部；二是在西宫外修筑周长达1万米的外垣墙，成为中城⑥。紧接着修外郭城，又筑中城，是明元帝为了保卫平城、防护宫城而实施的有力措施。此时，北魏在与柔然的较量中不占上风，深感京畿之地受到严重威胁，修城的紧迫感十足。果然明元帝去世次年，即始光元年（公元424年）八月，"蠕蠕率

---

① 《魏书》卷二《太祖纪》，中华书局，1974，第42-43页。
② 《魏书》卷二《太祖纪》，中华书局，1974，第41页。
③ 《魏书》卷三《太宗纪》，中华书局，1974，第62页。
④ 《南齐书》卷五七《魏虏传》，中华书局，1972，第985页。
⑤ 《魏书》卷三《太宗纪》，中华书局，1974，第64页。
⑥ 曹臣明、马志强：《北魏明元帝后期至文成帝时期的平城布局》，《山西大同大学学报》（社会科学版）2017年第2期。

六万骑入云中，杀掠吏民，攻陷盛乐宫。"①"骑围世祖五十余重，骑逼马首，相次如堵焉。"②太延五年（公元439年），柔然可汗"吴提果犯塞，（穆）寿素不设备。贼至七介山，京邑大骇，争奔中城。"③可见，中城在紧急时刻确实发挥了防御的作用。由于特殊的边防形势，促使平城形成三重城圈的新布局特点，为汉晋都城所不见，进而影响到北魏洛阳城、东魏北齐邺南城和隋唐长安城、洛阳城的布局。只不过平城的三重城圈并非由内向外依次修成，而是先由宫城、外郭城构成符合魏晋洛阳城特点的双重城，再建成第三重的中城。

太武帝时期，宫城内的格局进一步变化，形成了东宫、西宫并重的局面。东宫初设于道武帝时期，时间要早于天赐五年（公元408年），也可能与西宫同时④。东宫位于西宫之外的东面，相距不远，面积远小于西宫，这是模仿了魏晋洛阳城的做法。明元帝、太武帝即位前都应在此居住。明元帝末期扩建西宫，主要目的应是将东宫纳入宫城范围，以方便皇太子代理朝政。泰常七年（公元422年）五月，皇太子拓跋焘摄政⑤，遂于泰常八年（公元423年）十月扩建西宫。等拓跋焘正式即位后，便于始光二年（公元425年）"营故东宫为万寿宫，起永安、安乐二殿，临望观、九华堂"⑥，作为自己的保母保太后（后尊皇太后）窦氏的居所。平城宫城内，太后居万寿宫（故东宫），皇帝居西宫，大概是模仿东汉洛阳城宫城内皇帝、太后分居东、西宫⑦的做法。延和元年（公元432年）正月，皇子拓跋晃被立为太子，七月，拓跋焘开始为太子修建新的东宫，耗时两年，即延和三年（公元434年）七月，"东宫成，备置屯卫，三分西宫之一。"⑧新的东宫分占了全部宫城，即扩大后

---

① 《魏书》卷四上《世祖纪上》，中华书局，1974，第69页。
② 《魏书》卷一〇三《蠕蠕传》，中华书局，1974，第2292页。
③ 《魏书》卷一〇三《蠕蠕传》，中华书局，1974，第2294页。
④ 曹臣明、乔丽萍：《北魏道武帝至明元帝前期平城布局初步探讨》，《山西大同大学学报》（社会科学版）2016年第6期。
⑤ 《魏书》卷三《太宗纪》，中华书局，1974，第62页。
⑥ 《魏书》卷四上《世祖纪上》，中华书局，1974，第70页。
⑦ 陈苏镇：《东汉的"东宫"和"西宫"》，《中研院历史语言研究所集刊》第89本第3分，2018。
⑧ 《魏书》卷四上《世祖纪上》，中华书局，1974，第80、81、84页。

的西宫的三分之一，而且东宫如西宫一般"亦开四门，瓦屋，四角起楼""别有仓库"①，具有独立性，面积远比以前的东宫大。于是宫城内又形成了皇帝西宫、太子东宫并立的新"东、西宫"格局。在宫城内，恢复东、西宫并重的体制，显示了太武帝追尊、援引"汉制"的意图，有意改变此前模仿魏晋洛阳城的做法，以回避对"晋制"的传承，目的是与南朝争夺正统地位。

太平真君元年（公元440年）七月，"皇太后窦氏崩于行宫"②。正平元年（公元451年），太武帝诛灭东宫集团和太子晃③。万寿宫、东宫因此先后被收归太武帝直接控制，"东、西宫"分立格局遭破坏，直至解体。正平二年（公元452年）三月，太武帝"崩于永安宫"④。十月，文成帝"即皇帝位于永安前殿"⑤。这表明万寿宫被收回后，太武帝亲居于此，改名为永安宫。永安殿为前殿，为大朝之所；安乐殿则为后殿，为皇帝寝殿。这一变化意味着皇帝的正殿不再偏居旧西宫，而是向东移动，更接近中轴线。因此，永安宫当时亦称为"中宫"。太武帝为近侍阉官宗爱所害，"爱负罪于东宫，而与吴王余素协，乃密迎余自中宫便门入""而立余"⑥。拓跋余所进"中宫"就是永安宫。

太安四年（公元458年）三月，文成帝"起太华殿"，成为新的大朝之所。和平六年（公元465年），文成帝崩于此殿。⑦延兴元年（公元471年），孝文帝"即皇帝位于太华前殿"⑧。献文帝退位为太上皇之后，移居北苑崇光宫，承明元年（公元476年）崩于宫城内永安殿⑨。

太和年间，孝文帝对宫城又进行了大规模兴建。太和元年（公元477年）正月"起太和、安昌二殿"，七月"太和、安昌二殿成""起朱明、思贤门"；太和三年（公元479年）

---

① 《南齐书》卷五七《魏虏传》，中华书局，1972，第984页。
② 《魏书》卷四下《世祖纪下》，中华书局，1974，第93页。
③ 李凭：《论北魏正平元年事变》，《晋阳学刊》1989年第6期。
④ 《魏书》卷四下《世祖纪下》，中华书局，1974，第106页。
⑤ 《魏书》卷五《高宗纪》，中华书局，1974，第111页。
⑥ 《魏书》卷九四《宗爱传》，中华书局，1974，第2012页。
⑦ 《魏书》卷五《高宗纪》，中华书局，1974，第116、123页。
⑧ 《魏书》卷七上《高祖纪上》，中华书局，1974，第135页。
⑨ 《魏书》卷六《显祖纪》，中华书局，1974，第132页。

二月，坤德六合殿成；太和四年（公元480年）正月，乾象六合殿成；太和四年（公元480年）七月，建东明观，九月，思义殿、东明观成；太和七年（公元483年）十月，皇信堂成；太和十二年（公元488年）九月，起宣文堂、经武殿。①这些殿堂都应建在原汉平城的东部，处于原太子晃东宫的地域范围及附近。至此，原汉平城范围已完全成为宫城，并基本建满了宫殿堂阁。至太和十六年（公元492年）二月，孝文帝拆太华殿，在原址新建太极殿，十月时建成②。《水经注·㶟水》记载曰："太和十六年，破安昌诸殿，造太极殿、东西堂及朝堂。夹建象魏、乾元、中阳、端门、东西二掖门、云龙、神虎、中华诸门，皆施以观阁。东堂东接太和殿。"安昌殿当时仍存，陈桥驿的校证指出应为"破太华殿"③。

孝文帝拆除太华殿，重建大朝正殿——太极殿，在两侧各增一配殿东、西堂，采用的是魏晋洛阳城正殿的名称和形制，再次运用了"晋制"模式。魏晋洛阳城中，太极殿是单一宫城、"建中立极"的标志④，平城太极殿的确立亦当如此。这说明太极殿及原来在同一位置上的太华殿，基本定位在宫城、中城、外郭城的中轴线上。这种意图在文成帝时就有了，文成帝先规划"建中"，后由孝文帝建设完成东部宫殿建筑群，落实了以太极殿南北一线为中轴、东西基本对称的宫城布局。

目前，北魏平城考古遗迹被发掘的并不多。在宫城内，发掘了宫殿基址和太仓遗址。大同操场城北魏建筑一号⑤、三号⑥、二号⑦遗址由南向北依次排列。其中一号、三号遗址为两座大型宫殿基址，二号遗址为太仓遗址。一号遗址现存台基平面呈长方形，坐北朝南，

---

① 《魏书》卷七上《高祖纪上》，中华书局，1974，第143、144、146、148、149、153页。《魏书》卷七下《高祖纪下》，中华书局，1974，第164页。
② 《魏书》卷七下《高祖纪下》，中华书局，1974，第169、171页。
③ 郦道元著《水经注校证》，陈桥驿校证，中华书局，2007，第313、331页。
④ 钱国祥：《中国古代汉唐都城形制的演进——由曹魏太极殿谈唐长安城形制的渊源》，《中原文物》2016年第4期。
⑤ 山西省考古研究所、大同市考古研究所、大同市博物馆、山西大学考古系：《大同操场城北魏建筑遗址发掘报告》，《考古学报》2005年第4期。
⑥ 张庆捷、刘俊喜、左雁：《大同操场城又发现北魏重要建筑遗址》，《中国文物报》2008年9月26日第5版。
⑦ 山西省考古研究所、大同市考古研究所：《山西大同操场城北魏二号遗址发掘简报》，《文物》2016年第4期。

东西长44.4米，南北宽31.5米。发现的踏道至少有四条：一条位于北缘正中，两条位于南缘，东西各一，东缘可能还有一条朝东的踏道。有研究者推测该建筑为太和殿[①]。二号遗址发掘出北魏粮窖5座，均为口大底小的圆缸形，是"太官八十余窖"的一部分。

在中城东北部，即今山西省大同古城内东北隅二十四校斜对面，发掘一处北魏皇家佛寺建筑基址，夯土台基平面呈长方形，坐北朝南，南北长41米，东西宽34米，南、西、北三面的正中各有一条踏道，出土大量北魏时期建筑材料和佛教题材彩色泥塑残件[②]。

在外郭城南门外东南面发掘了明堂、辟雍遗址[③]。二者合为一体，外圈环形水渠为辟雍，外缘直径约为289～294米，内缘直径约为255～259米，水渠宽约18～23米；中央方形夯土台为明堂，边长42米。平城明堂、辟雍，从下诏建造到建成，历经了六年之久。太和十年（公元486年）九月，"诏起明堂辟雍"，但真正开始修建是在太和十五年（公元491年）四月，同时将太庙从宫城移建到外郭城南门外，与明堂和辟雍并置，"经始明堂，改营太庙"；半年后，"明堂、太庙成。"[④]工期拖延的主要原因在于明堂、辟雍的设计方案迟迟不能确定，这缘于此前都城在明堂、辟雍的建造做法不一致。西汉长安城的明堂、辟雍合为一体，外圈为圜水沟，中央为方形夯土台基[⑤]。汉魏洛阳城的明堂、辟雍是分建的；明堂院落呈方形，院落正中是一座由圆形重廊环绕着方形殿堂的多层台阁式建筑；辟雍建筑群的外围是近似长方形的环水沟槽，中心建筑群外观呈方形[⑥]。关于平城、明堂辟雍的设计方案，在经过长时间的斟酌后，最终选择模仿西汉长安城的方案。另据《水经注·㶟水》载："明堂上圆下方，四周十二堂九室，而不为重隅也。……加灵台于其上，下则引水为

---

① 朱庭枢：《北魏建筑特征研究——以北魏平城一号殿堂遗址探究为例》，硕士论文，西安建筑科技大学，2013年，第32页。
② 张志忠、侯晓刚、靖晓亭：《山西大同古城发现北魏塔基遗址》，《中国文物报》2021年2月19日第8版。
③ 王银田、曹臣明、韩生存：《山西大同市北魏明堂遗址1995年的发掘》，《考古》2001年第3期。
④ 《魏书》卷七下《高祖纪下》，中华书局，1974，第161、168页。
⑤ 唐金裕：《西安西郊汉代建筑遗址发掘报告》，《考古学报》1959年第2期。中国社会科学院考古研究所：《西汉礼制建筑遗址》，文物出版社，2003，第197-207、225-232页。
⑥ 中国社会科学院考古研究所：《汉魏洛阳故城南郊礼制建筑遗址——1962-1992年考古发掘报告》，文物出版社，2010，第80-108、126-142、353-362页。

辟雍。"①由此可知，平城的灵台与明堂、辟雍是一体的。这与西汉长安城、汉魏洛阳城均不相同，后两者的灵台始终是分建的。

都市是生人的活动空间，其周边也有死者的安息之所。平城城郭的扩建和郊外礼制性建筑的设置对墓葬区的分布有直接影响。平城附近的东郊、南郊是墓葬分布较为密集的两大区域，诸多高官、平民葬于此。平城南部远郊桑乾郡一带，很可能是南朝人降入北魏者的墓葬分布区。②通观平城墓葬文化的演变，呈现出与都市发展进程较为一致的节奏，最先是通过天兴年间的制度建设较多吸收了"晋制"因素，后有所停滞；到太武帝时期，又较多地吸收了边疆地区保留的"汉制"因素，从而杂糅各方形成一套新的制度——"北魏制"；从文成帝开始，墓葬文化又逐渐回归"晋制"，到孝文帝晚期完全确立了"晋制"特征。

"北魏制"的表现形式有：墓葬朝向统一规划为坐东朝西；墓葬形制有土洞墓和砖室墓两大系统，均受到河西文化的影响，流行近似长方形的墓室平面；砖室墓出现一套以墓主人形象为中心的墓葬壁画模式，墓室后壁正中绘墓主夫妇并坐宴饮图，一侧壁绘车马出行图或山林狩猎图，另一侧壁绘野宴庖厨图，前壁绘武士或力士，题材和构图主要受到河西文化和东北文化的直接影响；葬具中出现漆木彩画棺，与西晋重视赏赐"东园秘器"的赐赠制度有关；出现以平沿罐、盘口罐、平沿壶为代表的新式陶器，陶器素面或施简单纹饰，平沿陶器的沿部宽展，完全水平；墓主人姓名、身份、葬年等信息的记录方式形式多样，既有砖、石墓志，也有葬具等其他载体。③

平城墓葬复归"晋制"的过程中，所表现的特征有：墓葬西向的制度发生松动，一部分墓葬仍保持西向，一部分开始转为南向，时代越往后，南向墓葬越多，最后全面转为南向；土洞墓、砖室墓的墓室平面都向方形转变；墓葬壁画日趋简化、萎缩；漆木彩画棺逐渐消失，新的葬具以石椁、木椁、石棺床、木棺床、砖棺床为特色，一度成为壁画图像转

---

① 郦道元：《水经注校证》，陈桥驿校证，中华书局，2007，第315页。
② 曹臣明：《平城附近鲜卑及北魏墓葬分布规律考》，《文物》2016年第5期。
③ 倪润安：《北朝至隋代墓葬文化的演变》，《社会科学战线》2022年第2期。

移的载体；随着墓葬壁画的衰退，墓葬俑群崛起，其构成包括四大组合，即镇墓组合、出行仪仗组合、家居宴乐组合、家居庖厨组合；陶器流行忍冬纹、水波纹、暗纹等较为繁复的纹饰，平沿壶、平沿罐的口沿由完全水平变为向外倾斜；对墓主生平的记录，大都以与西晋一样的长方形砖志、碑形或长方形石志等专用墓志为主。①

二、北魏平城的陵寝文明

北魏平城北面近郊本为禁苑区，墓葬不得埋入，直到冯太后永固陵的出现。北魏平城时代的皇陵为金陵，离平城较远，冯太后不愿"远祔山陵"，而选址方山。方山永固陵是北魏迁都洛阳前的最后皇陵区，是探索北魏陵寝制度发展的中继点，上可溯北魏金陵，下可及洛阳北魏皇陵。北魏平城时代的陵寝文明包含了金陵和永固陵两大部分，但对其形制特征和文化内涵的认知还很模糊。

关于北魏金陵的名称和位置，文献有"金陵""盛乐金陵""云中金陵"三种记载。李俊清《北魏金陵地理位置的初步考察》②、张焯《北魏金陵考索》③均认为金陵只有一处。关于北魏金陵的具体位置，李俊清认为是在山西右玉县境内群山的顶峰，张焯认为应在盛乐南的群山之巅。古鸿飞《北魏金陵初探》则认为金陵有三处，云中金陵在今内蒙古呼和浩特市托克托县一带，盛乐金陵在今内蒙古呼和浩特市和林格尔县一带，没有冠以地名的金陵在今山西省朔州市右玉县境内④。刘溢海《北魏金陵探究》⑤、魏坚《金陵与畿上塞围》⑥支持"金陵只有一处"的观点。魏坚进一步指出山西省左云县五路山及其与内蒙古凉城县、和林格尔县交界处一带区域，应是北魏金陵所在地。

由于位置存疑，金陵考古学研究长期没有进展，要取得突破，必须先建立可靠的参照物，即从已知皇陵去探寻未知皇陵。北魏迁都洛阳前的已知皇陵只有方山永固陵和虚宫

---

① 倪润安：《北朝至隋代墓葬文化的演变》，《社会科学战线》2022年第2期。
② 李俊清：《北魏金陵地理位置的初步考察》，《文物季刊》1990年第1期。
③ 张焯：《北魏金陵考索》，《大同高等专科学校学报》（社会科学版）1994年第2期。
④ 古鸿飞：《北魏金陵初探》，《山西大同大学学报》（社会科学版）2008年第5期。
⑤ 刘溢海：《北魏金陵探究》，《北朝研究》第六辑，科学出版社，2008，第94-103页。
⑥ 魏坚：《金陵与畿上塞围——左云北魏遗存初识》，《边疆考古研究》第九辑，科学出版社，2010，第212-221页。

万年堂。经发掘，确认永固陵是追寻金陵的可靠基点，对永固陵的溯查由来已久。北魏时，郦道元已通过实地调查在《水经注》中记录了永固陵的地面建筑与布局[①]。近现代以来，永固陵也持续为中外学者所关注。1925年，美国弗利尔美术馆A. G. Wenley等勘查方山遗址，对相关遗迹的分布做了测量和考证，绘制了从永固陵至思远佛寺的轴线布局略图[②]。1939年，日本东亚考古学会在永固陵遗址进行了为期两天的踏查活动。1939年、1941年，水野清一等对方山遗址进行两次调查[③]。1976年，宿白对永固陵南侧的思远佛寺遗址进行调查[④]。另外，研究者们对永固陵遗址还进行过两次正式考古发掘，第一次是1976年山西省文物工作委员会等发掘永固陵[⑤]；第二次是1981年大同市博物馆发掘思远佛寺遗址[⑥]。

由于永固陵历经盗掘，墓室内出土遗物很少，陵园内多数建筑的性质也无法确定。因此，研究者们多是宏观性地探讨其陵园特点和文化源流。宿白在《盛乐、平城一带的拓跋鲜卑—北魏遗迹——鲜卑遗迹辑录之二》一文中首先提出墓地和佛寺的结合是冯氏墓园的布局特点，并影响到北朝晚期陵墓[⑦]。徐苹芳《中国秦汉魏晋南北朝时代的陵园和茔域》[⑧]、杨宽《中国古代陵寝制度史研究》[⑨]、张庆捷《北魏永固陵考察与探讨》[⑩]、韩国河《东汉

[①] 郦道元著《水经注校证》，陈桥驿校证，中华书局，2007，第312-313页。

[②] A. G. Wenley. The Grand Empress Dowager Wen Ming and the Northern Wei Necropolis at Fang Shan, Freer Gallery of Art Occasional Papers, Vol.1, No.1, WASHINGTON, 1947.（美）A. G. 温莱著《文明太后与方山永固陵》，《北朝研究》第十一辑，师焕英、张庆捷 译，科学出版社，2020，第223-232页。

[③] 水野清一、長廣敏雄：《大同近傍調査記》，《雲岡石窟——西歷五世紀における中國北部佛教窟院の考古學的調査報告》第16卷上册《補遺》，京都大學人文科學研究所，1956，第7、10-12页。

[④] 宿白：《东汉魏晋南北朝佛寺布局初探》，《庆祝邓广铭教授九十华诞论文集》，河北教育出版社，1997，第31-49页。

[⑤] 大同市博物馆、山西省文物工作委员会：《大同方山北魏永固陵》，《文物》1978年第7期。刘绪：《方山二陵的发掘与文明皇后的评价》，《山西省博物馆八十年》，山西人民出版社，1999，第145-156页。

[⑥] 大同市博物馆：《大同北魏方山思远佛寺遗址发掘报告》，《文物》2007年第4期。

[⑦] 宿白：《盛乐、平城一带的拓跋鲜卑——北魏遗迹——鲜卑遗迹辑录之二》，《文物》1977年第11期。

[⑧] 徐苹芳：《中国秦汉魏晋南北朝时代的陵园和茔域》，《考古》1981年第6期。

[⑨] 杨宽：《中国古代陵寝制度史研究》，上海古籍出版社，1985，第44-45页。

[⑩] 张庆捷：《北魏永固陵考察与探讨》，《而立集——山西大学考古专业成立30周年纪念文集》，科学出版社，2009，第222-234页。

北魏陵寝制度特征和地位的探讨》①、王飞峰《关于永固陵的几个问题》②等都继承和发展了这一观点。曹臣明《北魏方山永固陵地理环境的选择与陵园制度》③、村元健一《北魏永固陵の造营》④、王雁卿《北魏永固陵陵寝制度的几点认识》⑤、沈睿文《永固陵与北魏政治》⑥等从不同角度论证了永固陵陵寝制度对中原制度和汉文化的吸收和继承。冈村秀典、向井佑介在《北魏方山永固陵の研究——東亞考古學會1939年收集品を中心として》一文中，以东亚考古学会在1939年永固陵调查中的收集品为中心，研究了思远佛寺与思燕佛图的关系、永固陵布局对高句丽的影响、永固陵与云冈石窟造营者的关系、来自西方样式和南朝的影响等问题⑦。

纵观永固陵百年来的调查、发掘与研究历程，历时长，研究进展缓慢，其根本原因在于我们迄今对永固陵陵区的构成与布局没有形成较为完整的认知，细节不清晰，性质判断不明确。张庆捷在《北魏永固陵考察与探讨》一文中，将永固陵遗址分为山上、山下两部分，对相关建筑的考察较以往都多，取得较大进展，可惜没有绘出分布图，在调查范围和对象上仍有较大扩展空间。下一步应当先从方山永固陵开始，通过全面的实地调查和测绘，绘出翔实的永固陵陵区布局图，进而分析永固陵的地理形势、构成要素、形制特征、文化渊源、政治内涵等。然后，调查、测绘北魏金陵各疑似陵区的地形地貌、建筑遗迹等，并与永固陵进行比较，考察二者之间是否存在比较直接的文化演变关系，进一步分析和理解北魏平城陵寝文明。

永固陵陵区从南到北可依次分为四区：第Ⅰ区从灵泉池南口至方山入口处，有孤山遗址、灵泉池等；第Ⅱ区从方山入口处至方山南坡二级台地的坡前建筑群，包括御道、门阙、

---

① 韩国河：《东汉北魏陵寝制度特征和地位的探讨》，《文物》2011年第1期。
② 王飞峰：《关于永固陵的几个问题》，《中国国家博物馆馆刊》2012年第11期。
③ 曹臣明：《北魏方山永固陵地理环境的选择与陵园制度》，《中国古都研究》第十辑，天津人民出版社，1997，第114-119页。
④ 村元健一：《北魏永固陵の造营》，《古代文化》第52卷第2号，2000。
⑤ 王雁卿：《北魏永固陵陵寝制度的几点认识》，《山西大同大学学报》（社会科学版）2008年第4期。
⑥ 沈睿文：《永固陵与北魏政治》，《国学研究》第二十二卷，北京大学出版社，2008，第57-77页。
⑦ 冈村秀典、向井佑介：《北魏方山永固陵の研究——东亚考古学会1939年收集品を中心として》，《东方学报》第80册，2007，第150-169页。

瞭望台、思远佛寺、斋堂、院落等；第Ⅲ区为方山山顶南端的陵墓及其附属建筑群，包括登山御道、永固堂、鉴玄殿、永固陵、万年堂等；第Ⅳ区从万年堂往北直至明长城沿线的建筑群，分布有多处院落、建筑台基、阙台等。另有方山石窟、灵泉宫，所属区段不详。应利用多种测绘手段绘制永固陵陵区布局详图，进而分析陵区的地形特点、主要建筑的规模与形制、各建筑群的组合关系等。

永固陵陵区的道路系统比较复杂。从山脚的御道入口到半山腰的思远佛寺，沿途发现多处门阙、人工坡道、之字形登山路、石台阶、围墙、瞭望台等。从思远佛寺北侧登临方山顶部的道路，除了南侧断崖上的之字形御道，东、西两侧还各有马道。御道的两侧翼也各有道路。这些道路与陵区各组建筑形成有机整体。目前，对陵区主要建筑的认定不尽一致，除了已明确的永固陵冢、万年堂陵冢和思远佛寺外，永固堂、鉴玄殿、灵泉宫、文石室、斋堂、南门外二石阙等建筑的位置均不能确定。根据御道的走向和功能，有助于研究者们结合沿线建筑遗迹的分布与特征来判断主要建筑的性质，并推定相应的名称。

永固县是为守护永固陵而设置的奉陵邑，承袭汉制，成为北魏陵寝制度的新内容。但永固县的位置至今还未能确定。而位于方山中后部的永固陵陵区第Ⅳ区，面积较为广大，发现多处院落遗址，并在遗址中发现了建筑台基以及阙台、门址等，比较符合城址的特征。全面调查和测绘第Ⅳ区所见建筑遗迹，总结其形制特征，判断其时代和性质，可讨论其与永固县对应的可能性。

永固陵墓葬形制包括地上封土和地下墓室两部分。高大的封土呈圆形，基底为方形。墓室为砖砌前、后双室墓，没有侧室。墓室四壁裸砖，无壁画，仅石门框上雕刻一些佛教题材的图。永固陵是大名鼎鼎的冯太后之墓，建造简朴，是北魏平城墓葬制度由"北魏制"转向"晋制"的一个例证。研究者们可根据平城墓葬制度演变的大背景分析永固陵墓葬形制的形成过程和表现方式。

永固陵，俗称祁皇墓。在方山西侧、御河西岸，还有一村子叫祁皇墓村。祁皇后并不是冯太后，而是西晋时期拓跋代国桓帝猗㐌的正妻，长期以太后身份把持国政，曾多次主导代国可汗的废立。冯太后的身份和政治经历，与祁皇后颇为相似。祁皇后的故事，就鲜卑传统而言，增强了冯太后执政的合法性和权威性。探讨代国时期桓帝与祁皇后的政治活动，"祁皇墓"村是否是永固陵的守护者，祁皇后之墓是否也在方山附近，祁皇后故事对永固陵选址有何影响，这些问题可进一步揭示永固陵出现在方山的历史渊源。

方山在成为冯太后的陵园前，是一处苑囿。太和五年（公元481年），冯太后与孝文帝同游方山后，就有了方山永固陵。在永固陵建成前后，方山均是北魏举办重大政治活动的重要场所。方山从苑囿变为陵园，并兼具二者之功能，具有强烈的政治意义。研究者们可从方山的地理形势、佛寺入陵、方山二陵关系的构建等方面探讨永固陵的政治内涵。

对北魏金陵的调查和研究，首先要验证其可靠性。北魏金陵疑似陵区分布在内蒙古与山西的交界处。从山西右玉县西马头山、大南山、西团山，左云县五路山，至内蒙古凉城县东马头山的连绵山岭上，发现数十座高大的封土冢，曾引起宿白、俞伟超、魏坚等学者的关注。但由于始终未进行过考古发掘，实地调查也比较粗简，因此未能确定是否为金陵。应深入踏查和测绘各疑似陵区的地形地貌、封冢分布与形制、周边设施等，以便与方山永固陵进行对比研究。从现有信息看，永固陵与金陵疑似陵区至少在选址上颇有相似之处。方山山顶为平地，东、南、西三面是悬崖陡壁，南北地带狭长。而右玉西马头山、凉城东马头山的地形地貌都与方山相似，或体现了一定的选址模式。通过深入细致的调查，有可能发现更多的共同之处，显示出继承关系。如能验证金陵的可靠性，还可考证相关陵区所葬帝、后及随葬者的情况。一旦北魏金陵得以确认，将对北魏乃至中国古代陵寝制度的研究起到重要推动作用。

三、北魏平城的军事文明

北魏定都平城后不久，就面临着来自漠北柔然汗国的威胁。从天兴五年（公元402年）至太和十一年（公元487年），是柔然的兴盛时期。这80余年间，柔然对北魏主动发动战争达10次，并且大多发生在北魏与其他政权发生战争或者国内政局不稳时，而北魏则9次出兵柔然，有4次还击，5次主动出击[①]。双方战事频仍，北魏北部边境不得安宁。明元帝至太武

---

① 胡玉春：《从柔然汗国与北魏的关系看北魏北边防务的兴衰》，《内蒙古社会科学》（汉文版）2012年第4期。

帝前期，双方斗争最激烈，平城的防御形势十分严峻。为有效应对柔然，拱卫京城，北魏早在泰常七年、泰常八年在平城先后修建了外郭城、中城，还在平城北面陆续建设了一系列军事设施和防线，包括长城、六镇、"畿上塞围"、长堑等，创造了内涵丰富的北魏平城军事文明。

1. 泰常长城

关于泰常长城的修建，据《魏书·太宗纪》记载，明元帝泰常八年（公元423年）："（正月）蠕蠕犯塞。二月戊辰，筑长城于长川之南，起自赤城，西至五原，延袤二千余里，备置戍卫。"[1]另《魏书·天象志》也载曰："八年春，筑长城，距五原二千余里，置守卒，以备蠕蠕。"[2]修筑这条长城的目的显然就是为了应对强势南侵的柔然。在此之前，柔然分别于天兴五年（公元402年）、天赐三年（公元406年）、永兴元年（公元409年）、神瑞元年（公元414年）多次侵扰北魏边境，而北魏仅在永兴二年（公元410年）对柔然发起过一次大规模的反攻，收效不大，处于被动状态。明元帝在泰常七年、泰常八年连续修建平城外郭城、中城以及长城，是因为他"素服寒食散，频年动发，不堪万机"[3]，感觉到自己时日无多，预测柔然必会趁帝位变动之际大举南侵，又担心新即位的拓跋焘难以应付，故而未雨绸缪。泰常长城东西跨度大，"延袤二千余里"，要在短期内新修完成，工程量很大，十分困难。经调查表明，除在河北省发现遗迹外，内蒙古境内还无任何泰常八年长城遗迹的发现。因而，该长城应是救急之举，只新修了一小部分，大部分是修缮和沿用了战国赵北长城和秦汉长城；泰常长城东起今河北省赤城县，由东北向西南延伸，沿内蒙古阴山南麓一线，西端到今内蒙古包头市九原区麻池古城和乌拉特中旗查石太山之间，总长度约700公里[4]。

2. 六镇

关于"六镇"的形成，严耕望先生论述道："颇疑神䴥二年（公元429年）冬始置降民

---

[1] 《魏书》卷三《太宗纪》，中华书局，1974，第63页。
[2] 《魏书》卷一〇五之三《天象志三》，中华书局，1974，第2400页。
[3] 《魏书》卷三《太宗纪》，中华书局，1974，第62页。
[4] 魏坚、孟燕云：《北魏长城考辨》，《文物》2019年第7期。

于漠南时，仅诏平阳王等四人镇抚之，尚无定制。至延和二年（公元433年）置怀朔镇（时名五原），其他五镇亦同时所建置，东西并列，以镇抚降民，且备御北寇，故有'六镇'之名耳。"① 由此可知设六镇的背景，即太武帝前期北魏对柔然的主动反击并取得大胜。

太武帝刚即位，即始光元年（公元424年）八月，柔然果如所料，率六万骑前来进犯，"世祖亲讨之"，将柔然击退②。当年十二月，北魏主动反击，发起北伐，太武帝"遣平阳王长孙翰等讨蠕蠕，车驾次祚山，蠕蠕北遁，诸军追之，大获而还"。始光二年（公元425年）十月，"车驾北伐，平阳王长孙翰等绝漠追之，蠕蠕北走"。神䴥元年（公元428年）七月，柔然可汗"大檀遣子将万余骑入塞"。神䴥二年（公元429年），北魏再次北伐，给以柔然重大打击。四月，"车驾北伐"，五月，"次于沙漠，舍辎重，轻骑兼马，至栗水，蠕蠕震怖，焚烧庐舍，绝迹西走"。十月，"列置新民于漠南，东至濡源，西暨五原、阴山，竟三千里。诏司徒平阳王长孙翰、尚书令刘洁、左仆射安原、侍中古弼镇抚之。"③ 这些新民包括"前后归降三十余万"的柔然部众和"望军降者数十万"的高车部众④。在御驾亲征、屡次大胜柔然的形势下，北魏军队不需要龟缩到泰常长城以南进行防守，而是可以到长城北侧，并试图镇抚和利用归降的游牧部众进行防御，这标志着在泰常长城以北又形成了一道由多处军镇构成的新防线，其特点是军镇之间相互策应，但不以长城相连，而以"游军"形式巡防。据《魏书·来大千传》载，延和初，"世祖以其壮勇，数有战功，兼悉北境险要，诏大千巡抚六镇，以防寇虏"⑤，表明将军镇防线确定为"六镇"是在太武帝延和年间。严耕望先生则以怀朔镇建置之年作为"六镇"正式形成的时间，即延和二年（公元433年）。

关于"六镇"的名称和方位，经清代学者沈垚考证，"六镇"自西向东依次为"沃野、

---

① 严耕望：《中国地方行政制度史·魏晋南北朝地方行政制度（下）》，上海古籍出版社，2007，第704页。
② 《魏书》卷一〇三《蠕蠕传》，中华书局，1974，第2292页。
③ 《魏书》卷四上《世祖纪上》，中华书局，1974，第70、71、74、75页。
④ 《魏书》卷一〇三《蠕蠕传》，中华书局，1974，第2293页。
⑤ 《魏书》卷三〇《来大千传》，中华书局，1974，第725页。

怀朔、武川、抚冥、柔玄、怀荒"①，得到史学界的普遍认同。牟发松进一步认为，在太武帝之初，"六镇"是指怀朔、武川、抚冥、柔玄、怀荒、赤城，无沃野；太武以后太和十年（公元486年）以前，北迁的沃野镇才取代赤城镇而被列入"六镇"；正始年间（公元504-508年），又将御夷镇纳入六镇防线②。日本学者佐川英治认为，大约在太延年间（公元435-440年），北魏在阴山南麓设置了怀朔、抚冥、柔玄、怀荒四镇，与此前已设置的武川、赤城二镇逐渐被统称"六镇"；太和年间，御夷镇取代了赤城镇；正始年间，北迁的沃野镇被纳入"六镇"③。

在沃野到怀荒的范围之内，现发现10余座北魏城址。对这些城址与六镇的对应关系，学者们颇有分歧。其中比较公认的是将沃野镇定位于乌拉特前旗根子场古城，将怀朔镇定位于固阳县白灵淖城圐圙古城，将抚冥镇定位于四子王旗乌兰花土城子古城④。根子场古城由东西并列的三城相连，平面略呈倒凸字形，全城周长3500多米。白灵淖城圐圙古城为单城，平面呈不规则多边形，周长近5000米。乌兰花土城子古城由东城、西城对接组成，西城连接于东城的西北端；东城平面呈方形，边长900米，周长约3600米；西城平面大体呈长方形，东西长1170米，南北宽1086米，周长可达4500米。这三座城址的规模都比较大，说明镇城大小是有一定规格的，不会太小。除了这三座城，能与其规模大致相当的还有三座，分别是尚义县哈拉沟古城、察哈尔右翼后旗克里孟古城、武川县二份子古城。哈拉沟古城为单城，平面呈不规则多边形，周长4200多米。克里孟古城为内、外城结构，外城平面呈近梯形的四边形，周长达4000多米，内城位于外城东部，周长近2000米。二份子古城为单城，平面呈方形，东北角内折，周长2800多米，接近3000米。⑤这六座城址周长在

---

① 沈垚：《六镇释》，《落帆楼文集》卷一。
② 牟发松：《"六镇"新释》，《争鸣》1987年第6期。
③ 佐川英治：《北魏六镇史研究》，《中国中古史研究》第五卷，中西书局，2015，第55-128页。
④ 周杨：《北魏六镇防线的空间分析》，《中国国家博物馆馆刊》2017年第12期。
⑤ 张文平、苗润华：《长城资源调查对于北魏长城及六镇镇戍遗址的新认识》，《阴山学刊》2014年第6期。魏坚、谌璐琳：《北魏六镇城址的考古学观察》，《北魏六镇学术研讨会论文集》，内蒙古人民出版社，2015，第1-17页。张文平：《北魏柔玄镇地望新考》，《北方文物》2021年第5期。河北师范大学历史文化学院、北京大学考古文博学院、张家口市文物考古研究所：《尚义土城子遗址调查、钻探与试掘简报》，《西部考古》第十六辑，科学出版社，2018，第60-78页。

3000～5000米，应与"六镇"相对应。根据从西向东的地理位置关系，根子场古城、白灵淖城圐圙古城、二份子古城、乌兰花土城子古城、克里孟古城、哈拉沟古城可依次对应沃野镇、怀朔镇、武川镇、抚冥镇、柔玄镇、怀荒镇。

3.畿上塞围

太武帝太平真君七年（公元446年）六月，"丙戌，发司、幽、定、冀四州十万人筑畿上塞围，起上谷，西至于河，广袤皆千里"，九年，"二月，癸卯，行幸定州，山东民饥，启仓赈之，罢塞围作"①。"畿上塞围"实际上位于泰常长城内侧、紧贴平城的又一道长城，其长度不及泰常长城一半，但因为是新建，用工十万，耗时近两年尚不得完成，最后因大饥荒才罢除。此亦可证泰常长城乃大多沿用旧长城。

为何在建立六镇十多年后，又要再建一道离平城更近的长城塞围呢？这与太延五年（公元439年）柔然趁虚突破六镇、泰常长城两道防线，深入平城西南七介山，震骇京师有关。那年，"车驾西伐沮渠牧犍，宜都王穆寿辅景穆居守，长乐王嵇敬、建宁王崇二万人镇漠南，以备蠕蠕"；柔然可汗吴提"果犯塞"，派其兄乞列归对阵北镇诸军，自己趁穆寿"素不设备，贼至七介山，京邑大骇，争奔中城。"②这一严重事件警示太武帝设的北部防线并非万无一失，仍须设法根除柔然对平城的威胁。他采取的措施有两个方面：一是主动出击，多次发动北伐，并亲自督战，与柔然可汗决战，直接打击其首脑。太平真君四年（公元443年）、真君五年（公元444年）和真君十年（公元449年）三年四次征伐柔然，最后一次收获最大，"尽收其人户畜产百余万"；二是主动修筑工事，弥补防御漏洞，尤其是针对平城西南薄弱之处，也就是于太平真君七年（公元446年）筑成的"畿上塞围"。双管齐下的结果是柔然可汗"吐贺真遂单弱，远窜，边疆息警矣"，"世祖征战之后，意存休息，蠕蠕亦怖威北窜，不敢复南"③。

"畿上塞围"东起上谷，即今北京延庆西北山地，向西延伸至黄河边上的内蒙古清水

---

① 《魏书》卷四下《世祖纪下》，中华书局，1974，第101、102页。
② 《魏书》卷一〇三《蠕蠕传》，中华书局，1974，第2294页。
③ 《魏书》卷一〇三《蠕蠕传》，中华书局，1974，第2294-2295页。

河与山西偏关交界处，是一道东北——西南向的塞墙。除保卫京师，北魏王陵金陵也是其守卫的重要对象。在山西和内蒙古境内尚存五段疑似与"畿上塞围"相关的墙体，均位于明长城内侧，且离明长城较近。①

4.太和长城与长堑

孝文帝太和年间，尚书高闾上表，具陈北境戍边之策，建议"今宜依故于六镇之北筑长城，以御北虏。虽有暂劳之勤，乃有永逸之益，如其一成，惠及百世。即于要害，往往开门，造小城于其侧。因地却敌，多置弓弩。狭来有城可守，其兵可捍。既不攻城，野掠无获，草尽则走，终必惩艾。……狄若来拒，与之决战，若其不来，然后散分其地，以筑长城。……计筑长城，其利有五：罢游防之苦，其利一也；北部放牧，无抄掠之患，其利二也；登城观敌，以逸待劳，其利三也；省境防之虞，息无时之备，其利四也；岁常游运，永得不匮，其利五也。"②孝文帝时期，柔然又开始连年犯塞。延兴二年（公元472年）二月"蠕蠕犯塞"，闰六月"蠕蠕寇敦煌""又寇晋昌"，十月"蠕蠕犯塞，及于五原"。延兴三年（公元473年）七月"蠕蠕寇敦煌"，十二月"蠕蠕犯边"。延兴四年（公元474年）七月"蠕蠕寇敦煌"。太和三年（公元479年）十一月，"蠕蠕率骑十余万南寇，至塞而还"。太和九年（公元485年）十二月，"蠕蠕犯塞，诏任城王澄率众讨之"。③太和十年（公元486年）正月、十二月，"蠕蠕犯塞"两次。太和十一年（公元487年）八月壬申，"蠕蠕犯塞，遣平原王陆叡讨之。"④高闾上表劝修长城，原因在于柔然频繁发起南下侵扰活动。从考古证据看，他的建议得到了部分采纳并实施，在六镇以北又建长城。

太和长城分为南、北两线。北线整体呈东北—西南走向，自东向西大致经过内蒙古四子王旗、达茂旗、武川县，总长190余千米，沿线设有17座戍堡。南线东、中部基本呈东西走向，西部呈东北—西南走向，自东向西依次经过商都县、察哈尔右翼后旗、察哈尔右翼中旗、四子王旗、达茂旗，总长260余千米，沿线设有15座戍堡。长城南、北两线交汇于四

---

① 魏坚、孟燕云：《北魏长城考辨》，《文物》2019年第7期。
② 《魏书》卷五四《高闾传》，中华书局，1974，第2294-2295页。
③ 《魏书》卷七上《高祖纪上》，中华书局，1974，第136、137、139、140、147、156页。
④ 《魏书》卷七下《高祖纪下》，中华书局，1974，第161、162页。

子王旗。①太和长城及其内侧的抚冥镇、柔玄镇，重点防护自漠南通往平城的直线通道，起着正面阻击柔然的重要作用。

太和长城东面还有太和年间掘成的"长堑"。据《水经注·鲍丘水》记载："鲍丘水出御夷北塞中，南流经九庄岭东，俗谓之大榆河。……大榆河又东南出峡，经安州旧渔阳郡之滑盐县南，左合县之北溪水，水出县北广长堑南，太和中，掘此以防北狄。"②此处"广长堑"即为"太和长堑"，"太和长堑"基本呈东南—西北走向，东自河北省丰宁县鱼儿山镇大孤山村东北向西北延伸，大体沿川地作直线分布，由锡林郭勒盟多伦县大北沟镇十六号村南进入内蒙古自治区，穿行于多伦县和正蓝旗境内，现存总长近50千米③。

到孝文帝时期，围绕着对平城的拱卫，在其北面自北向南依次分布太和长城—长堑、六镇、泰常长城、畿上塞围四道军事防线，构成了一个规模大、层次多的严密军事防御体系。这一体系在明元帝时期初现雏形，太武帝时期基本形成，孝文帝时期进一步完善，具有四重防线犬牙交错、互补互助、层层严防死守的突出特点④。

四、北魏平城的宗教文明

北魏灭后燕的过程中，道武帝就已经重视宗教对国家制度建设的重要作用。"太祖平中山，经略燕赵，所逕郡国佛寺，见诸沙门、道士，皆致精敬，禁军旅无有所犯。帝好黄老，颇览佛经""太祖好老子之言，诵咏不倦"。天兴年间，他在职官体系里设置了僧、道官员，以僧人法果为道人统（沙门统），以张曜为仙人博士。法果谨遵皇权，称太祖"即是当今如来""我非拜天子，乃是礼佛耳"。明元帝即位后，"遵太祖之业，亦好黄老，又崇佛法"，延续了道武帝佛、道并崇的宗教政策。太武帝"初即位，亦遵太祖、太宗之业，每引高德沙门，与共谈论"，但他"虽归宗佛法，敬重沙门，而未存览经教，深

---

① 内蒙古自治区文化厅（文物局）、内蒙古自治区文物考古研究所：《内蒙古自治区长城资源调查报告：北魏长城卷》，文物出版社，2014，第7-9、47-49页。
② 郦道元著《水经注校证》，陈桥驿校证，中华书局，2007，第338、339页。
③ 内蒙古自治区文化厅（文物局）、内蒙古自治区文物考古研究所：《内蒙古自治区长城资源调查报告·北魏长城卷》，文物出版社，2014，第77-78页。
④ 彭丰文：《守在四夷：北魏北部边疆经略方针及其思想源泉》，《中国边疆史地研究》2018年第3期。

求缘报之意。及得寇谦之道，帝以清净无为，有仙化之证，遂信行其术。"此时道武帝有所偏向道教，但并未打压佛教，仍是佛道并崇。至太延五年（公元439年），"凉州平，徙其国人于京邑，沙门佛事皆俱东，象教弥增矣。寻以沙门众多，诏罢年五十已下者。"随着凉州大量僧众涌入平城，一直受帝王维护的佛道平衡局面被佛教强势打破，而新来的僧人们不懂平城规矩，私下与太子、大臣密切结交，触犯忌讳。又在长安发现僧人牵连谋反，私自敛财，不守清规戒律。这些事情终于惹怒太武帝，在太平真君七年（公元446年）发动大规模灭佛事件，"佛沦废终帝世，积七八年"。与此同时，道教大受重视，寇谦之曾试图建造"高不闻鸡鸣狗吠之声，欲上与天神交接"的静轮宫，终未成。①

文成帝即位后，复兴佛法，先后任用凉州僧人师贤、昙曜担任道人统。师贤上台后，立即承袭法果的思想，通过实际行动践行"尊皇帝为如来"的原则，照着文成帝的样子雕造石佛像，还根据道武帝以来五位皇帝的模样铸造铜佛像。和平初年（公元460年），昙曜在武州塞开始凿建五座大像石窟，也是以佛像象征五位皇帝。佛教归顺皇权，也换来了文成帝以国家财力供养佛教的承诺，"于是僧祇户、粟及寺户，遍于州镇矣"。献文帝即位后，"敦信尤深，览诸经论，好老庄""每引诸沙门及能谈玄之士，与论理要"。昙曜重新秉持佛道平衡的宗教政策，但较为偏向佛教，亲自投身佛学，览经书，习义理，试图亲身实践"皇帝就是当世如来"，在发展佛教上多有创举，诸如"起永宁寺，构七级佛图，高三百余尺，基架博敞，为天下第一"等。②

昙曜始凿的武州塞石窟，即今云冈石窟。关于云冈石窟的分期，研究者普遍将之分为三期。1956年，《云冈石窟》调查报告的撰写者水野清一、长广敏雄所分三期是：第一期包括昙曜五窟，第7、8窟，第9、10窟，下限为孝文帝延兴五年（公元475年）；第二期包括第5、6窟，第1、2窟，第11、12、13窟，第14、15窟等，下限为孝文帝太和十四年（公元490年）；第三期包括第3、4窟及西部诸窟等，石窟的营造中止于宣武帝正始、延昌之际，

---

① 《魏书》卷一一四《释老志》，中华书局，1974，第 3030-3035、3049、3053 页。
② 《魏书》卷一一四《释老志》，中华书局，1974，第 3036-3038 页。

有些小龛延续到孝明帝正光年间①。1978年，宿白提出新的三期划分：第一期自云冈石窟始凿至文成帝去世，即公元460-465年，包括昙曜五窟第16-20窟。第二期约自文成帝以后至孝文帝迁都洛阳以前这一时期，即公元465-494年。主要石窟有五组：第7、8窟，第9、10窟，第5、6窟，第1、2窟，这四组是"双窟"，另一组是三个窟，即11、12、13窟；此外，云冈最大的石窟，即第3窟也是在这个时期开始凿建的。第三期自迁都洛阳到北魏正光五年，即公元494-524年，主要洞窟分布在20窟以西。②2017年，冈村秀典对云冈石窟三期进行细化研究，将前、中、后三期各分为三小期。前一期为第18、19、20窟，下限为献文帝天安二年（公元467年）；前二期为第16、17窟，下限为献文帝皇兴五年（公元471年）；前三期为第5、13、11窟，年代下限为孝文帝承明元年（公元476年）。中一期为第7、8窟，中二期为第6窟和第9、10窟，中三期为第1、2窟、第12窟、第3窟、第4窟等，中期窟年代下限为孝文帝太和十八年（公元494年）；后一期石窟年代下限为宣武帝正始四年（公元507年），后二期石窟年代下限为宣武帝延昌四年（公元515年），后三期石窟年代下限为孝明帝正光五年（公元524年）③。冈村的小期划分，有利于进一步缩小各主要石窟开凿年代的范围，有助于理解各窟的时代背景，但各小期下限的年代判断并不完全妥当。

昙曜五窟内造像主要是三世佛（过去佛、当今佛和未来佛）和千佛，主尊形体高大，或结跏趺坐，或交脚坐，或站立，"高者七十尺，次六十尺，雕饰奇伟，冠于一世"④，分别对应道武、明元、太武、景穆、文成五位皇帝。从遗迹现象的打破关系看，昙曜当初计划把第19窟作为主窟，按照昭穆制在左右各开两个洞窟。不过在工程进行途中，第20窟发生了崩塌，因此将本来应该修建在第20窟西侧的第16窟的位置移到了第17窟东侧。因此，第19窟作为五窟的中心窟，主尊代表道武帝，按昭穆制顺序，其左侧第18窟代表明元帝，

---

① 水野清一、長廣敏雄：《雲岡造窟次第》，《雲岡石窟——西暦五世紀における中國北部佛教窟院の考古學的調查報告》第16卷《補遺》，京都大學人文科學研究所，1956年，第1-5頁。

② 宿白：《云冈石窟分期试论》，《考古学报》1978年第1期。宿白：《平城实力的集聚和"云冈模式"的形成与发展》，《中国石窟·云冈石窟》（一），文物出版社，1991，第176-197页。

③ 岡村秀典：《雲岡石窟の考古学：遊牧国家の巨石仏をさぐる》，京都：臨川書店，2017年。冈村秀典：《云冈石窟的考古学研究》，徐小淑 译，四川人民出版社，2021，第47-49、105、264页。

④ 《魏书》卷一一四《释老志》，中华书局，1974，第3037页。

右侧第20窟代表太武帝，左端第17窟代表景穆帝，本应位于右端的第16窟代表文成帝。①

昙曜五窟是为北魏五朝五代皇帝开窟造像的。迁都平城后，龙门石窟最早的几座窟也是为帝、后而造。孝文帝为冯太后开凿的古阳洞是龙门石窟中最早的洞窟②。到宣武帝时期，"景明（500—503年）初，世宗诏大长秋卿白整准代京灵岩寺石窟，于洛南伊阙山，为高祖、文昭皇太后营石窟二所。……永平（508—512年）中，中尹刘腾奏为世宗复造石窟一，凡为三所。"③此即为孝文帝及其文昭皇后、宣武帝所营造的宾阳三洞。从云冈石窟到龙门石窟，为皇帝、皇后造窟的传统未断，因而文成帝之后的献文帝、孝文帝，以及二度临朝听政的冯太后都会在云冈开凿代表自己的洞窟，这便涉及对云冈第5、13、11、3窟性质的判断。

云冈第5窟为大像窟，和昙曜五窟的形制接近，同样是马蹄形窟，主尊大佛结跏趺坐于洞窟中央，占据了窟内的大部分面积，造像以三世佛为主，背光火焰纹依旧属于第一期的样式。第5窟开凿的时间应该接近于昙曜五窟，献文帝时期完成了窟内主体空间的采石工程和几身大像的胚体，以及主尊背光等装饰带的雕刻。后由于献文帝与冯太后政治斗争等原因而不得已停工，到孝文帝真正掌握实权之后，才将第5窟的主尊及两侧立佛完成。④因此，云冈第5窟应是献文帝为自己所造，由孝文帝最终完成。

云冈第13窟也是按照大像窟设计而成，主尊为交脚弥勒，窟形和主尊都与第17窟近似。第17窟主尊是昙曜五窟中唯一不以佛装形式出现，而着菩萨装的大像，或喻示景穆帝未登基过，与正式的皇帝有所区别。所以，和第5窟年代相近的第13窟，应是献文帝在位时为冯太后所凿。皇帝窟与太后窟并凿，皇帝用佛像，非皇帝的太后用菩萨装形象，以示身份和地位有所区别。第11窟是中心柱窟，高度可与大像窟匹敌，开凿时间较第5、13窟略晚，应是在孝文帝即位初期、献文帝任太上皇时期，是为孝文帝所造。

献文帝死后，冯太后、孝文帝二圣并尊，原来为冯太后、孝文帝单独营建的大窟，即

---

① 杭侃：《云冈第20窟西壁坍塌的时间与昙曜五窟最初的布局设计》，《文物》1994年第10期。
② 王洁：《北魏孝文帝与龙门石窟古阳洞的雕造》，《考古与文物》2003年第1期。
③ 《魏书》卷一一四《释老志》，中华书局，1974，第3043页。
④ 杭侃：《云冈第五窟当议》，《石窟寺研究》第八辑，科学出版社，2018，第53-63页。

第13窟、第11窟都停工①，转而要另建一座双尊并立的大像窟，能符合此条件的只有云冈第3窟。该窟分前、后室，前室有东、西两个，平面都接近凸字形，东西长约24米，南北宽约7米；后室共用，平面为凹字形，东西长约43米，南北宽约16米，北壁中部为较大的向前凸出的岩体，东西长约29米，南北宽约11米②。这座窟开凿时的设计思想是要将两个大像窟合为一体，虽各有前室，但后室北壁共用，意在雕造两组并列的主尊及其附像。二尊并立，中间不隔开，是为了宣示二者的亲近关系，或一方对另一方的依附关系，恰是对冯太后、孝文帝现实关系的写照。方山之上，孝文帝万年堂祔葬于冯太后永固陵，也是同一思路的设计。但这种共用后室的双窟兴建一段时间后，或因为规模过大、工期过长，又遭舍弃，改而建造规模适中、中间有隔断、能及时完工的双窟，即第7、8窟，第9、10窟，第1、2窟等，其主尊尺寸都明显缩小了。双窟的主尊是将坐佛（倚坐或结跏趺坐）、交脚弥勒成对配置。第7窟后室北壁上层龛的本尊为交脚弥勒，左右是胁侍倚坐佛；第8窟则相反，本尊为倚坐佛，左右是胁侍交脚弥勒。第9窟后室的本尊是倚坐佛，前室北壁下层的主尊为交脚弥勒；相反第10窟后室的本尊是交脚弥勒，前室北壁下层的主尊为倚坐佛。第1窟北壁本尊为交脚弥勒，第2窟北壁本尊为结跏趺坐的坐佛。③双窟及其主尊就是用来表现"二圣"——冯太后、孝文帝的④。冯太后生前占据强势地位，第7、8窟，第9、10窟的倚坐佛代表冯太后，交脚弥勒代表孝文帝。冯太后去世后，第1、2窟的坐佛恢复为结跏趺坐，代表终于完全掌握皇权的孝文帝，冯太后则回归交脚弥勒形象。

文成帝至孝文帝早期是平城佛教发展的鼎盛期，不仅成就了宏伟壮阔的云冈石窟，也广泛影响了世俗社会的各方面。在平城出土的大量墓葬中，可以看到佛教因素渗透和覆盖了此时期墓葬的各个要素，大都出现在墓葬壁画、各类葬具（漆木棺、石椁、木椁、石棺

---

① 宿白：《云冈石窟分期试论》，《考古学报》1978年第1期。
② 杭侃：《云冈石窟第3窟开凿遗迹所反映的问题》，《石窟寺研究》第二辑，文物出版社，2011，第146-151页。
③ 冈村秀典：《雲岡石窟の考古学：遊牧国家の巨石仏をさぐる》，京都：臨川書店，2017年。冈村秀典著《云冈石窟的考古学研究》，徐小淑译，四川人民出版社，2021年，第197-200页。
④ 宿白：《平城实力的集聚和"云冈模式"的形成与发展》，《中国石窟·云冈石窟》（一），文物出版社，1991，第176-197页。（日）曾布川宽：《雲岡石窟再考》，《東方學報》第83册，2008，第1-155页。

床、木棺床）及其附件（铺首棺环、石柱础、木帐杆）、各类陶器（平沿陶壶、平沿陶罐、盘口陶罐、直领陶罐、陶盆），以及陶马、石灯、铜饰件、漆盘等各类材质的其他遗物上。佛教因素的具体表现主要有忍冬纹、莲花纹和佛教人物三类。忍冬纹最多见，有单枝独立忍冬纹、连续波状忍冬纹、连续桃形忍冬纹等。莲花纹有忍冬叶莲花、团莲花、覆莲纹、仰莲纹等，比较丰富多变。佛教人物有化生童子、莲花佛像，以及成组的佛像、菩萨、飞天与供养人，出现频率虽然不高，但人物种类比较全面，除了地位较低的佛教神祇，佛像主尊也都有出现。[1]

献文帝死后不久，孝文帝就将佛寺引入帝后陵园的地面建筑之中。承明元年（公元476年），孝文帝下诏在献文帝陵前修造建明寺。太和三年（公元479年），孝文帝在方山起文石室、灵泉殿、思远佛寺。[2]太和四年（公元480年），冯太后与孝文帝共游方山，冯太后表达了"吾百年之后，神其安此"的愿望，孝文帝"乃诏有司营建寿陵于方山"[3]。后来又开凿了方山石窟寺，这些都是为冯太后永固陵服务的。目前考古可证的永固陵陵寺一体的布局形式，正是在佛教深度影响下而促进陵寝制度创新的结果。

佛教在平城的兴盛，耗费了大量国力，负担极沉重，皇帝开始控制和约束佛教的发展。延兴二年（公元472年），太上皇献文帝下诏禁止民间造寺，曰："内外之人，兴建福业，造立图寺，高敞显博，亦足以辉隆至教矣。然无知之徒，各相高尚，贫富相竞，费竭财产，务存高广，伤杀昆虫含生之类。苟能精致，累上聚沙，福钟不朽。欲建为福之因，未知伤生之业。朕为民父母，慈养是务。自今一切断之。"[4]到孝文帝中、晚期，孝文帝逐渐引导僧人们从对物质供给的关注，转向专心研修义理，通过举办法会，让高僧在讲经论道中追求满足感。太和十六年（公元492年），孝文帝下诏："听大州度一百人为僧尼，中州五十人，下州二十人，以为常准，著于令。"太和十七年（公元493年），又"诏立僧制四十七

---

[1] 倪润安：《佛风入墓：北魏平城墓葬佛教因素的演进》，《丝绸之路研究集刊》第八辑，社会科学文献出版社，2022，第113-175页。
[2] 《魏书》卷七上《高祖纪上》，中华书局，1974，第147页。
[3] 《魏书》卷一三《文成文明皇后冯氏传》，中华书局，1974，第328-329页。
[4] 《魏书》卷一一四《释老志》，中华书局，1974，第3037页。

条"①。随着孝文帝从法律上不断加强对僧人的管理，平城佛教的热度也逐渐回归平常。

与佛教大起大落的情形相比，道教在平城的发展一直比较平淡，即便在寇谦之最受重视时期，也未对平城社会产生深刻影响。寇谦之之后，更缺乏突出的代表人物，文成帝、献文帝时期几乎无闻，以致于孝文帝太和十五年（公元491年）将道坛崇虚寺从平城迁移到桑乾之阴，规定"可召诸州隐士，员满九十人"②。相比佛寺员额，道士总人数并不多，可见孝文帝在迁都前数年，对佛、道都采取了降低待遇、加强管理的政策。

五、结语

西汉时期，司马迁明确提出了"华夷同祖"的民族观念。他在撰述《史记》过程中，建构了一幅以黄帝为中华民族共同始祖的谱系。十六国时期，掌握话语权的五胡并没有利用政治权威去颠覆两汉传统，另起炉灶，而是力图在"传统"的架构下寻找五胡统治中原的合理性依据。五胡诸君秉承传统的"华夷同祖"观念，主动选择将本族先世祖源"续接"于以黄帝为首的中华圣王之后，想借重自己"黄帝苗裔"的身世，论证五胡入主中原的合理性。③十六国诸国中，将这一实践做得最为成功，从而结束十六国纷繁局面并成为华夏正统王朝的，就是拓跋鲜卑及其建立的北魏王朝。通过对北魏平城文明内涵的分析，可以看到北魏王朝在促进民族共处、民族交流、民族融合和胡汉共治、国家认同方面所做的重要贡献，以及采取的诸多富有积极意义的实践措施，是中华民族共同体意识形成与发展过程的生动体现和历史见证。

---

① 《魏书》卷一一四《释老志》，中华书局，1974，第3039页。
② 《魏书》卷七下《高祖纪下》，中华书局，1974，第168页。《魏书》卷一一四《释老志》，中华书局，1974，第3055页。
③ 刘东升：《祖述华夏：五胡王朝的合理性建构》，《中央民族大学学报》（哲学社会科学版）2017年第2期。

北魏迁都洛阳的都城格局

钱国祥

（中国社会科学院考古研究所）

一、迁都洛阳，入主中原

北魏是中国历史上一个重要的朝代，是由北方游牧民族拓跋鲜卑族建立起的。公元490年，文明冯太后驾崩，孝文帝亲政。公元493年，孝文帝借讨伐南朝之由，实行迁都洛阳的策略。这一举措，最终完成了拓跋鲜卑族迁徙中原的目标，成为中国历史上第一个由北方游牧民族入主中原创立的王朝，为之后更繁盛的多民族大一统国家的形成开创了先河。

洛阳，是北魏迁徙中原建立的第三座都城。迁都洛阳是其由"大代"转变为"大魏"之正统王朝都城的具体实践，也是北魏与南朝诸政权正朔之争占得先机的重大转折，体现了时人"居尊据极，允应明命者，莫不以中原为正统，神州为帝宅"的思想意识。根据记载，孝文帝迁洛之初，巡视洛阳故都，观魏晋宫阙之废墟，睹汉魏石经之残迹，所见所闻感慨万千，随口咏出《黍离》，左右随从无不流涕，显示了孝文帝倾心中原文化的圣明君主形象。正由于此，北魏在洛阳重建都城，是直接以魏晋都城旧基为模本，承袭了曹魏创立的以太极殿为中心的居中宫城形制及"洛阳宫"的称谓。

当然，北魏的沿承不止于此，结合史籍与近年的考古发现，北魏都城内众多的城门、宫门、街道、殿堂、台阁、宫院、池苑等建筑设施，多是沿袭曹魏时期的名称和相对位置。如比较著名的都城正门宣阳门与门内大街铜驼街，宫城阊阖门、止车门和端门三道正门，宫城正殿太极殿和两侧的太极东、西堂，后宫内的凌云台、九龙殿和灵芝九龙池，宫城北部的禁苑华林园及园内天渊池、景阳山等，完全都是仿照曹魏时名称和格局进行重建的。此外，北魏还沿承了前朝在都城南郊设置的诸多礼制建筑，如城南1公里东汉至魏晋的明堂和太学，城南20公里曹魏在委粟山设置的祭天圜丘，以遵循汉地制度。

除了传承和沿袭，北魏对洛阳都城也有创新和发展。最重要的变化是宣武帝时在都城周边的郭区外围，新筑东西20里、南北15里的外郭城墙，郭城内则修筑320多个里坊，以安置迁徙到都城的众多人口，使都城洛阳成为一座规模空前、具有三重城圈的新型都市。同时，自汉代就已连通中原和中亚的丝绸之路，进一步繁荣畅通，来自中亚和西域的胡商尤其活跃。北魏杨衒之在著述《洛阳伽蓝记》时，就形象描述了京城洛阳的繁盛景象，"自葱岭已西，至于大秦，百国千城，莫不欢附，商胡贩客，日奔塞下，所谓尽天地之区已。""乐中国土风，因而宅者，不可胜数。是以附化之民，万有余家。""天下难得之货咸悉在焉。"因此，为了方便来自周边异域的商人从事贸易，北魏在东、西外郭城内分别设置有小市和大市，洛水以南设置了四通市，洛水上还修建了方便与城内往来的浮桥。正如史书所记，因为喜欢中原的物品，在京城长年居住和附化的胡商不可胜数，为此专门在洛水以南还修建了称为"四夷馆"和"四夷里"的馆舍和里坊，以安置来自异域的商人。

北魏在洛阳都城外围修建外郭墙，在中国古代都城史上具有重要的意义。主要体现在三个方面：一是都城形制上出现三重城圈，最内圈是沿承中原曹魏都城的居中宫城，第二圈内城中主要设置官署和庙社等皇家建筑，最外圈郭城内设置规整的里坊和市场，这是一种全新的都城形制。二是中国古代城邑的功能发生了根本变化，由原来"筑城以卫君、造郭以守民"，重宫室、轻民居的单一防护功能，朝"宫城建中立极、内城官府林立、郭城坊市井然"的多功能转变，真正具有了"城""市"并重的概念。三是都城规模空前扩大，多民族和多元文化融合带来了大量人口，胡商云集，商贸经济繁荣，京城洛阳成为当时世界上规模最大的国际性商贸大都市。北魏洛阳开创的这种都城形制，不仅直接影响了后世隋唐长安和洛阳的封闭坊市制都城，之后北宋东京的开放坊市制都城也是在其基础上发展形成。

二、北魏洛阳内城的形制格局

北魏内城即汉晋时期的洛阳大城，据文献记载，古人称其为"九六城"[①]。如《续汉书·郡国志》引《帝王世纪》曰："城东西六里十一步，南北九里一百步。"又引晋《元康地道记》曰："城内南北九里七十步，东西六里十步，为地三百顷一十二亩有三十六步。"经过多年的考察与实测，基本确定了该城垣的始建与沿用时代、规模形制和城内基

---

① 徐松：《河南志·周城古迹》，中华书局，1994。

图1 北魏洛阳内城平面复原图

本格局（图1）。北魏内城沿用的东汉至曹魏西晋大城，是在西周始建城圈的基础上，经过东周为都时的成周城、秦代洛阳城的多次增扩而逐渐形成。[①]

（一）内城墙垣的规模与形制结构

北魏内城现地面上仍断断续续残存有东、北、西三面夯土墙垣，南垣则被改道南护城河的洛河所冲毁，整个城址平面略呈南北长方形。北垣东段、东垣和西垣南段保存较好，现地面上最高仍残存5～8米。据实测，整个城圈长度接近13公里，以北魏每里435米计算，正合汉晋时期的30里，符合洛阳城"九六城"的记载。据对三面墙垣勘察，发现各段墙垣宽度略有不同，北垣宽约17～30米，东垣宽约14～26.5米，西垣宽约16～20米。

内城三面墙垣虽然大致为南北或东西走向，但均不完全呈直线，在不同位置都有曲折

[①] 中国社会科学院考古研究所洛阳工作队：《汉魏洛阳城初步勘查》，《考古》1973年4期。中国社会科学院考古研究所洛阳汉魏城队：《汉魏洛阳故城城垣试掘》，《考古学报》1998年3期。

现象。这种现象与这座城址使用时间较长、后代不断增筑扩城有关。据考察，各段墙垣均是由多个时期夯筑或增修的多块夯土组成，时代分属周、秦、汉、魏晋和北魏等时期，不同地段城垣夯土始筑或增筑时代也有很大差别。据此判断，北魏内城下至少有三个规模不同、时代早晚有异的早期古城叠压在一起①，即始建于内城中部的西周城址，东周中期向北增扩的城址，战国末至秦代又向南新扩的城址。东汉、曹魏、西晋洛阳都城和北魏都城的内城，均是在这个城圈基础上修建并使用。

内城东北角和西北角的墙垣均呈圆弧状，东北部城墙内侧有多处凸出的马道遗迹，北墙东段和西墙北段外侧还有多座马面基址，间隔110~120米。广莫门西侧一号马面依北墙外侧修建，平面略呈方形，现存顶面东西12.9米，南北11.7米，残高2.1米，地基厚2.3米，北魏马面是在魏晋马面基础上修削后重新筑造的②。西北角内侧的丙城经勘察确定为曹魏至北魏的金墉城，其东北角还发现魏文帝创建的百尺楼基址③，甲城和乙城则可能是隋末李密修金墉城的遗迹④。上述圆弧形城墙拐角和马面、马道等，显然都是军事防御设施。

（二）内城门阙的分布与形制结构

在内城残存三面墙垣上，共发现10座城门缺口，东垣3座、北垣2座、西垣5座。根据记载，北魏东垣三门从南至北分别为青阳门、东阳门、建春门。建春门址南北长30米，东西宽12.5米，为一门三道结构，中间门道缺口宽约8米，南、北门道各宽6米，门道之间隔墙宽4~5米，门道两侧有排叉柱础⑤，是沿用汉晋时期的城门。北垣二门，从东至西分别称广莫门和大夏门。大夏门保存较好，缺口宽约31米，进深约33米，中间有两堵隔墙，三个门

---

① 钱国祥：《汉魏洛阳故城沿革与形制演变初探》，《21世纪中国考古学与世界考古学——纪念中国社会科学院考古研究所成立50周年大会暨21世纪中国考古学与世界考古学国际学术研讨会论文集》，中国社会科学出版社，2002。
② 中国社会科学院考古研究所洛阳汉魏城队：《洛阳汉魏故城北垣1号马面的发掘》，《考古》1986年8期。
③ 钱国祥：《汉魏洛阳城金墉城形制布局研究》，《新世纪的中国考古学——王仲殊先生八十华诞纪念论文集》，科学出版社，2005。
④ 中国社会科学院考古研究所洛阳汉魏城队：《汉魏洛阳故城金墉城址发掘简报》，《考古》1999年3期。
⑤ 中国社会科学院考古研究所洛阳汉魏城队：《汉魏洛阳城北魏建春门遗址的发掘》，《考古》1988年9期。

道。西垣有5个城门缺口，从南至北分别为北魏西明门、汉代雍门以及北魏西阳门、阊阖门、承明门。阊阖城门缺口宽约47米，进深约58米，据记载，该城门缺口中可能还有水门。西阳门保存较差，门址南北长约30米，东西宽13米，仅残存南北夯土墩台和北门道路土、排水沟槽及北隔墙等遗迹，也为三个门道[①]。根据记载和勘探道路情况，南墙垣上还有4座城门，从东至西分别为开阳门、平昌门、宣阳门、津阳门，但均被洛河冲毁。

如此，内城墙上14个城门缺口，北魏时期，除封堵汉代雍门并改开西阳门外，在西墙北端还增开一座承明门，故内城有城门13座。考察建春门、西阳门和大夏门等遗迹情况，发现内城城门可能都设置三个门道，与"一门有三道，所谓九轨"的记载相符合[②]，也是遵循天子都城的制度。内城城门的建筑结构，则是靠夯土墩台、隔墙和大排叉柱支撑的大过梁式城门。文献曾记载，城门上都有楼观建筑，"城门楼皆两重，去地百尺"。[③]此外城门皆有双阙[④]，但经考察，多处城门均未发现外凸或独立的双阙遗迹，城门两侧均有较大的夯土墩台，据此推测其双阙也可能建造在城门楼两侧的墩台上[⑤]。

（三）内城的道路与主要建筑分布

在内城勘探共发现东西向道路4条，南北向道路5条，分别正对各城门缺口。

4条横道有3条贯穿内城东西墙城门。最南面一条即东墙青阳门至西墙西明门御道，长2460米，宽29～36米。该道路与宫城前南北大街铜驼街交汇处，道路北侧，东为太庙，西为太社，路南有护军府、司州、衣冠里、凌阴里等，是内城南部重要的祭祀礼制建筑区域。

中间一条横道为东墙东阳门至西墙西阳门御道，长2630米，宽约40米。道路与铜驼街在阊阖宫门前呈"T"形交汇，显然是内城最重要的东西干道。西阳门内道路南侧20米有

[①] 中国社会科学院考古研究所洛阳汉魏城队：《汉魏洛阳故城北魏内城西阳门遗址》，《中国考古学年鉴》，2014，第330-331页。

[②] 杨衒之著《洛阳伽蓝记·原序》，范祥雍校注，上海古籍出版社，1978。

[③] 徐松：《河南志·后魏城阙古迹》："大夏门。宣武造三层楼，去地二十丈。洛阳城门楼皆两重，去地百尺，唯大夏门甍栋峻丽。" 杨衒之著，范祥雍校注：《洛阳伽蓝记·原序》："洛阳城门楼皆两重，去地百尺，唯大夏门甍栋干云。"

[④] 徐松《河南志·晋城阙古迹》："《晋书》曰……。又曰：洛阳十二门，皆有双阙。"

[⑤] 钱国祥：《汉魏洛阳城城门与宫院门的考察研究》，《华夏考古》2018年6期。

夯土坊墙遗迹①，应即《洛阳伽蓝记》记载的西阳门内道南永康里，里内有领军将军元叉宅。西阳门内道路北侧的延年里有宦官刘腾宅，刘腾宅东面还有太僕寺、乘黄署、武库署。东阳门内道北有太仓署和导官署，道南有昭仪尼寺和义井里。义井里南是元怿所立景乐寺，寺西隔司徒府与永宁寺相望，寺东则是高肇宅。这东西道路两侧为重要的官署、权臣贵戚宅第和寺院。

北面一条横道是东墙建春门至西墙阊阖门御道，长2510米，宽35~51米。此道路直对宫城东门万岁门和西门千秋门，是内城东西两侧进入宫中的重要御道。阊阖城门内道北有瑶光寺，道南有长秋寺，即晋金市故地。建春门内道北是拟作东宫之地，即晋太仓所在，仓南有翟泉，即东周时王子虎、晋弧偃盟于翟泉之水域。建春门内御道南，有司农寺和句盾、典农、籍田三署，再往南即太仓署和导官署。这些掌管粮食生产、加工和储藏的官署集中设置在建春门与东阳门内，显然与北魏宫城东面设置有太仓，且邻近建春门外漕渠有关。

此外，承明门内还有一条东西向道路，残长1410米，宽17~22米，从金墉城前向西直入宫城北面的华林园，承明门外道北则有孝文帝常去讲经拜佛的王南寺。

5条纵道有4条正对南墙城门，2条正对北墙城门。最东面一条纵道是南墙开阳门内御道，北抵东墙建春门内东西向御道，城内残长2400米，宽12~15米；城南部分穿过南郊的明堂和太学遗址之间。东起第二条纵道即贯穿南墙平昌门至北墙广莫门的御道，局部折拐为东西向，城内残长4045米，宽14~29米。广莫门内是晋时的步广里，御道西侧为皇家禁苑华林园；前述翟泉即在广莫门道东、周景王冢与威烈王冢之间侧②，周回三里，孝文帝以其在华林园大海东侧，称其为苍龙海，并在翟泉北侧设置有河南尹廨。

东起第三条纵道即南墙正门宣阳门内御道，北端起于宫城南门阊阖门，故名阊阖南街，

---

① 钱国祥等：《汉魏故都 丝路起点——汉魏洛阳故城遗址的考古勘察收获》，载《洛阳考古》2014年2期。

② 郦道元《水经注·谷水》："（天渊）池水又东流，入洛阳县之南池，池即故翟泉也。……今案周威列王葬洛阳城内东北隅，景王冢在洛阳太仓中。翟泉在两冢之间侧，广莫门道东，建春门路北，路即东宫街也，于洛阳为东北。"江苏广陵古籍刻印社，永乐大典本（下同）。

也称铜驼街①。道路残长1650米，宽40~65米，是北魏内城中最重要的南北大街。在阊阖门前150米处残存有一段铺石板路面②，宽约2.9米，位于40米宽道路中间略偏西处。石板铺砌整齐，表面有碾压车辙印痕，车辙间距1.5米。铜驼街两侧设置有重要官署和左祖右社，街东侧自北向南有左卫府、司徒府、国子学、宗正寺、太庙、护军府、衣冠里等；街西侧有右卫府（西面有御史台）、太尉府（西面有永宁寺）、将作曹、九级府、太社、司州、凌阴里等。根据记载，阊阖南街被称为铜驼街沿自曹魏，街两侧设置的庙社也为魏晋时期③。这条南北御道北对宫城正门和正殿，南对大城正门宣阳门和城南的祭天郊坛圜丘，显然是作为都城的轴线大街规划设置的，也是后世都城宫前中轴线大街的最早雏形。

最西面一条纵道是南墙津阳门内御道，北抵承明门内东西向御道。城内残长2990米，宽36~40米。北墙大夏门内还有一条南北御道，南面延伸至宫城西北角附近，残长400余米，宽约30米，御道东侧即禁苑华林园。

三、北魏洛阳外郭城的形制格局

北魏外郭城创建于宣武帝景明二年④，"东西二十里，南北十五里"。⑤修建的里坊数量记载不同，有220里、323坊、320里⑥等，对此宿白和孟凡人先生分别作过解读。⑦里坊的规格和形制似乎也有很大不同，如"方三百步为一里，里开四门"，景明寺"东西南北，

---

① 郦道元《水经注·谷水》："（北魏）太尉、司徒两坊间，谓之铜驼街。旧魏明帝置铜驼诸兽于阊阖南街。" 据徐松《河南志·后汉城阙古迹》载，华延儁《洛阳记》曰："汉有两铜驼，在宫之南街四会道头，夹路东西相对，高九尺，汉时所谓铜驼街。"
② 钱国祥等：《汉魏故都 丝路起点——汉魏洛阳故城遗址的考古勘察收获》，《洛阳考古》2014年2期。
③ 《晋书·礼志》："（太康）六年，因庙陷，当改修创。至十年，乃更改筑于宣阳门内，穷极壮丽，然坎位之制犹如初尔。"（中华书局标点本）；郦道元《水经注·谷水》："（铜驼街）旧魏明帝置铜驼诸兽于阊阖南街。陆机云，驼高九尺，脊出太尉坊者也。水西有永宁寺，渠左是魏晋故庙地。"
④ 《魏书·世宗纪》："（景明二年）九月丁酉发畿内夫五万人，筑京师三百二十三坊，四旬而罢。"（中华书局标点本）
⑤ 杨衒之著，范祥雍校注《洛阳伽蓝记·城北》："京师东西二十里，南北十五里。庙社宫室府曹以外，方三百步为一里，里开四门。合有二百二十里。"
⑥ 《北史·魏太武五王·广阳王建附子嘉传》，中华书局标点本。
⑦ 宿白：《北魏洛阳城和北邙陵墓——鲜卑遗迹辑录之三》，《文物》1978年7期。孟凡人：《北魏洛阳外郭城形制初探》，《中国历史博物馆》1982年4期。

方五百步"。①从勘探道路间隔空间的实际情况来看②，其里坊规格差别很大，里坊形制也不全是规整方形，显然与这座都城沿用汉晋旧都有很大关系。

据考古勘察，并结合文献记载，北魏重修的洛阳都城基本沿用前朝都城的宫城形制和街道格局，很多重要官署和贵族宅第的位置也都是沿用前朝。受此制约和影响，实际营建

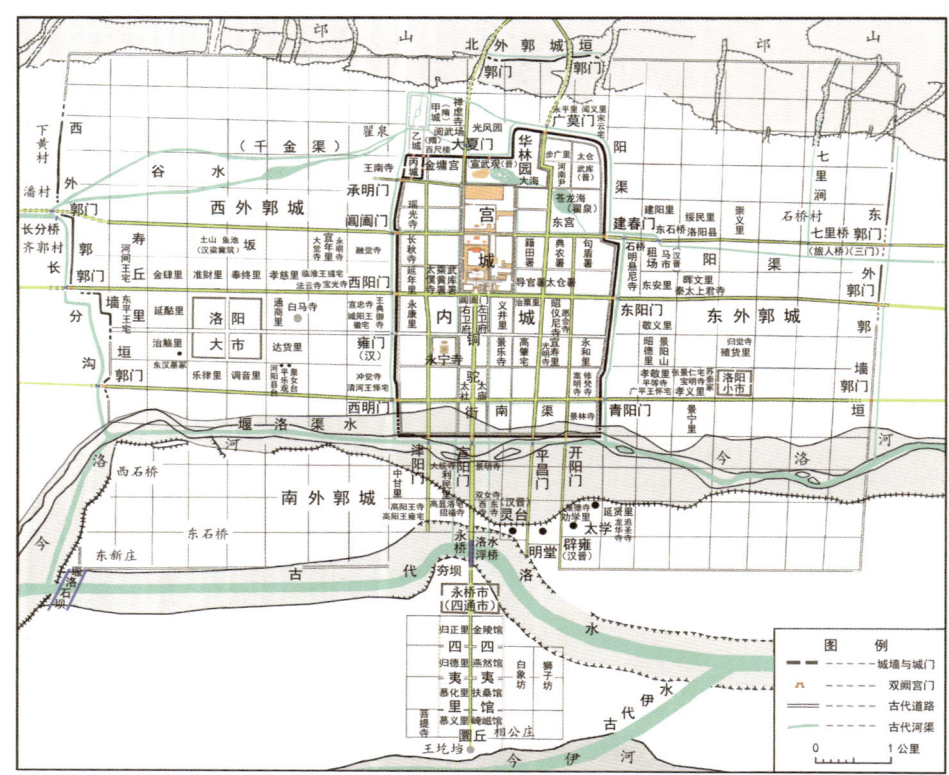

图2 北魏洛阳外郭城平面复原图

的里坊规格显然不可能统一，形制也无法一致。据此笔者推测，323坊或320里也可能是包括"庙社府曹"的整个都城的实际里坊数（图2）。

（一）外郭城墙垣的规模与城圈形制

北魏外郭城墙垣只发现了北、东、西三面，保存较差，皆为地下夯土墙基。南侧的古洛河和伊河故道变化较大，但经过踏查和甄别也判断出了大致位置。

---

① 杨衒之著，范祥雍校注《洛阳伽蓝记·城南》："景明寺，宣武皇帝所立也。景明年中立，因以为名。在宣阳门外一里御道东。其寺东西南北，方五百步。"
② 中国社会科学院考古研究所洛阳汉魏城队：《北魏洛阳外郭城和水道的勘查》，《考古》1993年7期。

郭城北墙位于内城北垣以北850～1300米的邙山南坡最高处，又发现1300米。勘探西段时，其墙外3米有壕沟，深约3.3米，宽约12.5米；中段与东段夯土墙垣皆在地下，厚0.5～0.8米、宽约6米。郭城南墙没有被发现，但根据影像图与实地踏查，可以大致确定古洛水北岸在东新庄、牛王庙、西大郊、朱圪垯、东罗洼村东西一线，其距离内城南垣约1700米，与永桥在宣阳门南4里的记载基本符合。永桥南北两岸均设置有华表，显然是南郭的重要标志。由此判断，无论南郭是否有墙，郭城南界在古洛水北岸当无疑问。经测量，北郭墙至古洛水北岸约6700米，正合外郭城南北15里的空间距离。此外在永桥以南至伊水之滨，还修建有安置周边四夷经商和生活居住的四通市、四夷里和四夷馆，永桥以南也有约5里见方的坊市区。北魏祭天的圜丘，迁洛之初仍定在曹魏圜丘所在的委粟山，修建外郭城后，宣武帝将圜丘迁到南北20里南界的伊水北岸。

郭城东墙位于内城以东3500米处，夯土墙垣均存地下，北段距今地表深1～1.7米，南段距今地表深达4米，残长1800米、宽8～13米、厚0.1～0.75米。郭城西墙位于内城以西3500～4250米处，墙基也存地下，距今地表深0.7～4.5米，残长4400米、宽7～12米、厚0.2～0.75米。西墙外侧有一条自然冲沟，即今分金沟，北段浅南段深，南端注入洛河。根据冲沟位置与走向，并结合史料记载，推测是汉晋时期长分沟的遗迹[①]，即郭城西缘的防御水系。

郭城东墙基本呈直线，北墙和西墙略有曲折，郭城南面的古洛水也呈自然流淌状，显然北魏是利用前朝都城外围的地形地貌和已有的居民里坊来规划营建郭城。尤其西墙是旁着长分沟的自然曲折流向而修建的，显然更利于防御。此长分沟也是汉晋洛阳城西郭的天然西界，汉时，在城西迎来送往的夕阳亭就设置于此[②]，西晋末年，张方攻打洛阳城也曾退

[①] 宿白：《北魏洛阳城和北邙陵墓——鲜卑遗迹辑录之三》，《文物》1978年7期。孟凡人：《北魏洛阳外郭城形制初探》，《中国历史博物馆》1982年4期。

[②] 杨衒之著，范祥雍校注《洛阳伽蓝记·城西》："征西将军崔延伯，出师于洛阳城西张方桥，即汉之夕阳亭也。"徐松：《河南志·后汉城阙古迹》："夕阳亭，城西。"

守长分桥，故也称其为张方桥①。郭城东墙走向略呈直线，修建在建春门外七里桥以东1里处。据《水经注》记载，谷水又东左合七里涧，晋时其上有石梁，即旅人桥，桥去洛阳宫六七里②。其也称七里桥，其名当源于此，而非距内城7里。推测七里涧是源自邙山向南流经今大石桥村的一条自然冲沟，其距离内城东垣大约5里，也是汉晋洛阳城东郭的天然东界和出顿之所③。北魏东郭墙未临近这条自然河沟，而是在其东面1里余修建，应是为了满足郭城东西20里的规划而有意为之。也正因东郭墙无需迁就自然河道，故其修建呈直线。

据此，北魏外郭城城圈平面为倒凸形，东西墙之间相距9000~9800米，约合当时20~22公里，郭城南北最大距离达8800米，也合当时20里，都城空间范围达80平方千米的规模。从复原图看，北魏内城两侧的里坊数量不等，东郭城内大约7里，西郭城南部也是7里，但北部却是8里，显然郭墙不是在内城两侧等距修建。众所周知，北魏太极殿、正门阊阖门和宫前铜驼街的轴线均略偏于宫城和内城西部，北魏外郭墙西侧里坊偏多，显然有特殊意义。也就是说，太极殿、阊阖门和铜驼大街一线，虽然不在北魏宫城和内城中轴线上，但却在北魏外郭城的中轴线上。尽管西郭墙有曲折，东、西郭墙在铜驼街两侧无法完全对称，但在太极殿至阊阖门轴线两侧，郭墙却是等距修建的。由此，不仅确定了北魏外郭城是按照中轴对称的原则来规划营建，也解开了东、西郭城里坊数量存在偏差的谜团。

（二）外郭城内的道路与主要建筑分布

北郭城在内城以北2~3公里，勘探发现有两条南北大道。大夏门外大道略呈直线，路土距地表深4米，保存较差，宽5~8米，最宽约20米，至邙山脚下略向东北斜行上山，穿过北郭墙后，与广莫门外大道会合，继续向北通往黄河古渡。据记载，该御道西有禅虚寺，

---

① 杨衒之著，范祥雍校注《洛阳伽蓝记·城西》："出阊阖门城外七里长分桥。中朝时以谷水浚急，注于城下，多坏民家，立石桥以限之，长则分流入洛，故名曰长分桥。或云：'晋河间王在长安，遣张方征长沙王，营军于此，因为张方桥也。'"

② 郦道元：《水经注·谷水》："其水又东左合七里涧。涧有石梁，即旅人桥也。《朱超石与兄书》云：桥去洛阳宫六七里。悉用大石，下圆以通水，可受大舫过也。题其上云，太康三年十一月初就功。"

③ 杨衒之著，范祥雍校注《洛阳伽蓝记·城东》："崇义里东有七里桥，以石为之，中朝杜预之荆州出顿之所也。"徐松：《河南志·晋城阙古迹》："七里涧，在马市东。涧有石梁，即旅人桥也。《洛阳记》曰：城东有石桥以跨七里涧。"

寺前有阅武场；御道东（大夏门东北）则有光风园。广莫门外大道，路土保存较差，在邙山上距地表深0.4~2.5米，宽2.5~3.5米，门外御道东有永平里与凝圆寺。城东北还有殷顽民所居之上商里故地，北魏名闻义里，有冠军将军郭文远宅、敦煌人宋云宅等。

在西郭城内勘探发现4条东西向道路，东端分别出自内城西明门、西阳门、阊阖门和承明门，前三条道路西端均横穿西郭墙，显然是郭城重要的东西大道。西明门外大道宽30~40米，路土距地表深0.8~1.9米，门外御道北有清河王元怿宅。西阳门外大道宽20~25米，距地表深0.9~2.5米，门外御道南分别有王典御寺、城阳王元徽宅、白马寺、洛阳大市等，御道北分别有宝光寺、法云寺和临淮王元彧宅。洛阳大市，周回八里，约在今白马寺院以西、陈屯新村以东、白马寺火车站以北、种牛场以南的区域。大市周围居住的多为工商货殖之民，如东面有通商、达货里，南面有调音、乐律里，西面是延酤、治觞里，北面则是孝慈、奉终、准财、金肆里，凡此十里。大市南还有河阳县（应为河阴县）台。另在延酤里以西、张方沟以东、南临洛水、北达邙山，其间东西二里、南北十五里，并为寿丘里，即王公贵戚居住的王子坊。阊阖门城外大道宽10~28米，距地表东段最深3.2米，距西段约2米，距中段较浅，约0.3米。门外七里有分流谷水水量的长分桥，御道北是入城谷水之千金渠，御道南有宜年里、清河王元怿立融觉寺、宣武帝立永明寺、广平王元怀宅等。承明门外大道较短，全长250米，宽约8米，距地表深1.3米，道路西端有王南寺①。

在东郭城内也有3条贯通郭城的东西大道，西端分别出自内城青阳门、东阳门和建春门，东端皆穿过东郭墙。青阳门外大道宽15~27米，距地表深0.6~1米，御道南有景宁里，御道北有孝敬里、孝义里、洛阳小市、殖货里等。东阳门外大道宽16~21米，距地表西段深约3.1米、东段深约4.2米，门外御道南有敬义里、昭德里，御道北有东安里、晖文里。上述里坊靠近漕渠、租场和洛阳小市，位置优越，有许多当朝权贵的宅院，有些也是前朝名人宅第。如晖文里即晋时马道里，除了胡太后所立秦太上君寺，还有太保崔光宅、太傅李延实宅（旧为蜀主刘禅宅、宅东有吴主孙皓宅）、冀州刺史李韶宅（旧为晋司空张华宅）、

---

① 杨衒之著，范祥雍校注《洛阳伽蓝记·原序》："次北曰承明门。承明者，高祖所立，当金墉城前东西大道。迁京之始，宫阙未就，高祖住在金墉城。城西有王南寺，高祖数诣寺沙门议论，故通此门。"

秘书监郑道昭宅等。昭德里有尚书仆射游肇、御史尉李彪、七兵尚书崔休、幽州刺史常景、司农张伦五宅。建春门外大道宽15~20米，距地表深3~5米。建春门东是漕渠所在，有多座石质桥梁设施，如石桥是跨护城河的阳渠石桥，东石桥是跨漕渠的马市石桥，七里桥是跨七里涧的旅人桥石桥等。御道南有彭城王元勰立明悬尼寺、租场（魏晋马市与常满仓）等；御道北则有建阳里、绥民里（里内有洛阳县）、崇义里等。七里桥东一里有郭门开三道，号为"三门"[①]。由此可知，郭城的郭门可能也为三个门道，遵循了天子都城制度。

南郭城内由于洛河改道，只在城南发现部分开阳门和平昌门外御道。[②] 开阳门外御道东是汉晋辟雍和太学遗址，北魏有劝学里、延贤里等。平昌门外御道东是北魏明堂，御道西是汉晋灵台旧址，汝南王元悦在台上建有佛寺砖塔。津阳门外御道西有中甘里和高阳王元雍宅。宣阳门是内城正门，门外御道东有宣武帝立的景明寺；寺南有胡太后姊妹分别为其父胡国珍所立的秦太上公西寺和东寺，二寺并门临洛水，时人号为双女寺。宣阳门外四里洛水上建有浮桥，人称永桥，永桥以南、圜丘以北，夹御道东面有金陵、燕然、扶桑、崦嵫四夷馆，西面有归正、归德、慕化、慕义四夷里。四通市设在永桥南，桥南道东还有白象、狮子二坊。结合记载与踏查，古洛水和古伊水合流处应在东大郊以东、东罗洼以南、宁北村以北的区域。

四、北魏洛阳宫城的形制格局

据考察研究，北魏宫城基本沿用曹魏创建的居北居中宫城"洛阳宫"，不仅名称相同，规模形制也基本相当。该宫城位于内城北中部略偏西，平面略呈南北长方形，南北1398米，东西660米（图3），总面积约92万平方米，约占内城面积十分之一。

北魏宫城南邻内城中间的东西横街西阳门——东阳门大街，北接皇家禁苑——华林园。宫城中部被内城北面的东西横街阊阖门——建春门大街横穿，自西宫门至东宫门一段应即

[①] 徐松：《河南志·后魏城阙古迹》："三门。七里桥东一里，郭门开三道，时人号为三门。离别者多云：相送三门外。"

[②] 中国社会科学院考古研究所：《汉魏洛阳故城南郊礼制建筑遗址 1962—1992 年考古发掘报告》，文物出版社，2010。

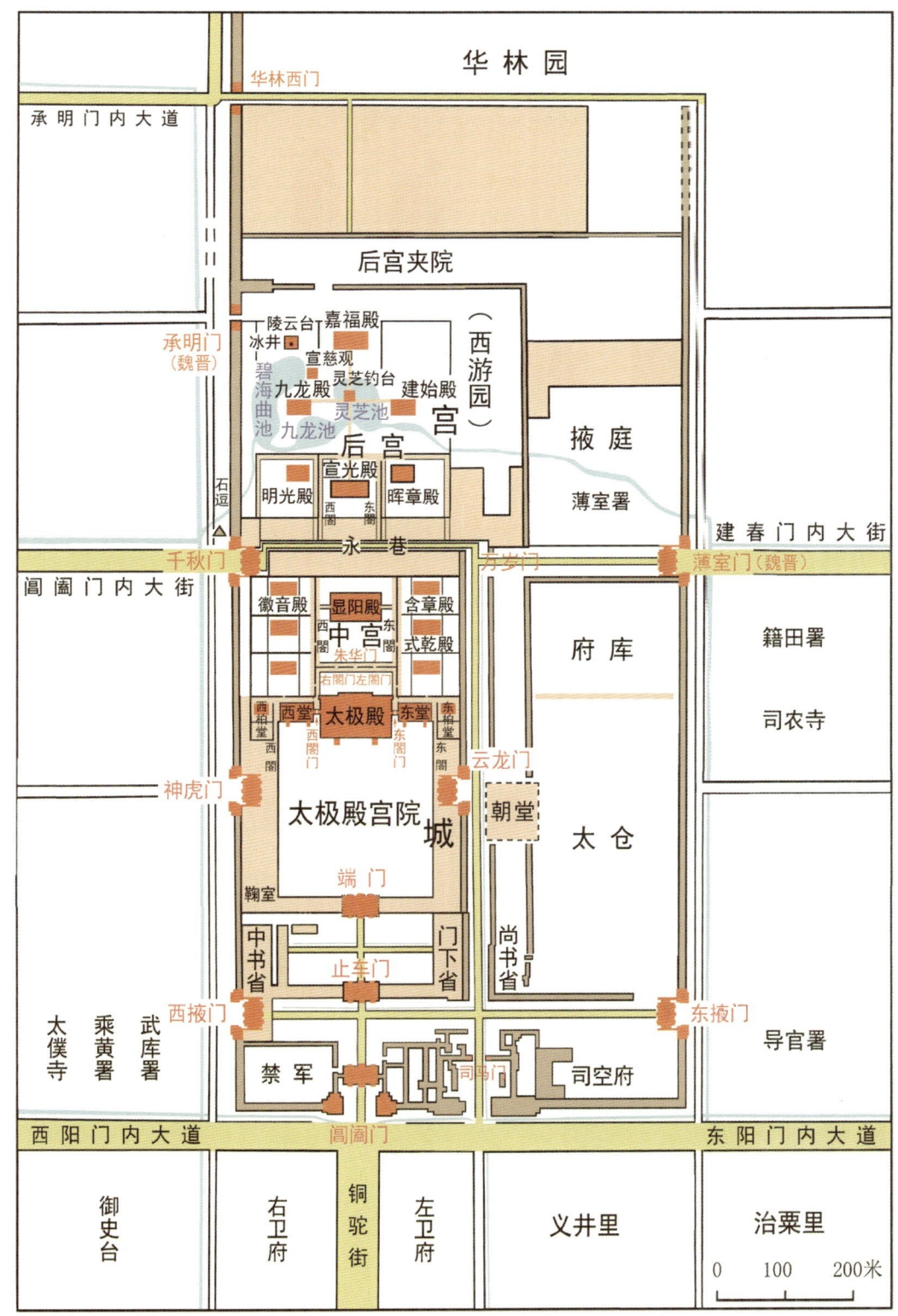

图3 北魏洛阳宫城平面复原图

宫中永巷，也起着分隔宫城南部和北部不同空间的作用。宫城南半部主要为大朝正殿、朝堂和重要的三省官署区；宫城北半部则是皇太后及嫔妃的寝宫区，也称西游园。宫城北面是前朝始建的禁苑华林园，曹魏初期名芳林园，后避魏帝曹芳名讳改称华林园。①

（一）宫城墙垣与宫门的分布及建筑形制

宫城墙垣夯土现皆存地下，其东、南、西三面保存较好，墙基大都还能连接起来。南墙墙基宽8～10米；东墙北段不明，南段墙基宽4～8米；西墙南段墙基宽约13米，北段墙基宽约20米；北墙未发现墙垣，但发现大片夯土基址。

在宫城东、南、西三面墙垣上，均发现宫门基址。南墙上有两处宫门，东面一座为司马门，其北面有尚书省与朝堂，曹魏筑阙时阙体崩塌，故不再筑阙②，推测应是汉代北宫正门朱雀司马门所在③。经考察，司马门址是一座规模较小的廊道式宫门，位于宫城南墙缺口北侧60米处。④在南墙缺口两侧也勘探有巨大的夯土基址，应与汉代或未完工的曹魏阙基有关。南墙西面即曹魏至北魏宫城的正门阊阖门，北面正对宫中正殿太极殿，南面直对内城南北大街铜驼街。阊阖门是一座门前筑有巨大夯土双阙的礼仪式宫门，其城门楼后坐于宫墙，门前两侧双阙则建筑在缺口两端的宫墙上，建筑形制独特。⑤城门楼基址东西长44.5米，南北宽24.4米，存有40个础石或础坑组成的柱网，中间有3个门道，门道之间和两侧分别筑有隔间墙与墩台，墩台内有楼梯间，是一座面阔7间、进深4间的三门道多重楼观殿堂式宫门。门前左右双阙基址巨大，间隔41.5米，单个阙台29米见方，平面均为曲尺形双向子母阙式，左右对称分布，符合宫城阊阖门夹建巨阙的记载。

宫城西墙上有4座宫门，北段陵云台西面1座，缺口宽约7米；南段有3座宫门，分别为

---

① 徐松：《河南志·后魏城阙古迹》"华林园"条。
② 郦道元：《水经注·谷水》："渠水自铜驼街东迳司马门南。魏明帝始筑阙，崩压杀数百人，遂不复筑，故无阙门。"
③ 钱国祥：《由阊阖门谈汉魏洛阳城宫城形制》，《考古》2003年7期。
④ 中国社会科学院考古研究所洛阳汉魏城队资料。
⑤ 中国社会科学院考古研究所洛阳汉魏城队：《河南洛阳汉魏故城北魏宫城阊阖门遗址》，《考古》2003年7期。

千秋门、神虎门、西掖门。①据记载，千秋门为右宫门，西距内城阊阖门1公里，门内道北即后宫西游园，显然千秋门应位于内城阊阖门至建春门大街横穿宫城西墙的缺口处。神虎门是太极殿宫院的西门，位于千秋门南面，也是一座门前夹建双阙的三门道殿堂式宫门，双阙、宫门形制与宫城阊阖门阙相似，仅规模略小②。西掖门在神虎门南面，曹魏时迎曹髦入宫，即从西掖门经止车门进入太极殿，该宫门应位于止车门前的东西御道西端。

宫城东墙上可确认两座宫门，也均有双阙迹象。南面一座西对西掖门，应该是东掖门；北面一座东对内城建春门，西对宫城西墙千秋门，推测可能是薄室门。另根据神虎门的发现，与其东面相对的云龙门也基本确定位置③，位于太极殿宫院东门的东墙中段。据此推测，与千秋门相对的万岁门也可能在宫城东墙内侧，即显阳殿宫院外的墙垣上。

（二）宫城南部朝殿区的布局形制

宫城南半部大致中间位置有一南北向道路，南对宫城司马门，北抵永巷，两侧均有院墙，其将宫城南部隔成东西两部分。西侧空间为包含三道宫城正门、正殿太极殿和显阳殿的宫城大内区；东侧空间则是附属于宫城的外朝官署和内府仓储区，其中西部临近司马门内御道，有处理日常政务的朝堂和尚书省等官署区，东部则是太仓和库藏等。

西侧大内区是北魏宫城的核心中枢所在，东西宽340米，南北宽790米，分布着三道宫城正门、大朝正殿太极殿、内朝寝殿显阳殿等主要建筑。从院落格局来看，自宫城南墙至永巷分布有四进宫院。第一进宫院，即宫城第一道正门阊阖门至第二道正门止车门之间的宫院。宫院内除了阊阖门至止车门之间的南北向铺砖御道，院落北部止车门前也有东西向的御道，御道宽约8米，东端通至宫城东墙东掖门，西端通向宫城西墙西掖门，两座宫门均设置有双阙，显然是从宫城东西两侧进入宫城大内南部和三省官署区的重要宫门与通道。东西向御道南部阊阖门两侧，均为夯土墙围合的院落，西侧院落内发现有成排

---

① 徐松：《河南志·后魏城阙古迹》："千秋门。宫西门，西对阊阖门。"郦道元：《水经注·谷水》："其一水自千秋门南流，迳神虎门下，东对云龙门。又南迳通门掖西，由南流东转迳阊阖门南。"
② 钱国祥：《汉魏洛阳城城门与宫院门的考察研究》，《华夏考古》2018年6期。
③ 《魏书·前废帝纪》："入自建春、云龙门，升太极前殿，群臣拜贺。"（中华书局标点本）。徐松：《河南志·后魏城阙古迹》："云龙门。宫东门。"

的大型灶坑、水池、水渠等生活设施，东南院落内发现较多铁兵器、铠甲片等，东北院落院门的门槛石上有碾压的车辙沟槽，这些院落显然与驻守皇宫的禁军或放置车舆的车辂院有关。

第二进宫院，即止车门至第三道正门端门之间的宫院。止车门和端门的规模形制，除不设双阙外，与第一道正门阊阖门完全一致，其两侧均有东西向的廊庑建筑。该宫院内也分别有南北向和东西向的御道，其中东西向御道两端分别有较大规模的殿堂基址。鉴于该宫院东面的司马门内有尚书省，并结合唐长安和东都洛阳城正殿前方左侧为门下省、右侧为中书省的布置，推测该御道的东端可能是门下省，而西端可能是中书省。

第三进宫院，即端门内至太极殿北侧廊庑的太极殿宫院[①]。太极殿主殿和两侧东堂、西堂作为主体建筑位于宫院北部中间，宫院周围以长廊、分隔的宫院以及外围的夹道围合。太极殿主殿东西长约102米、南北宽约61米。太极东、西堂东西各长约48米，南北宽约23米。太极殿与东、西堂之间各有东、西阁门，二阁门上层为太极殿通往东、西堂的飞廊。太极殿与东、西堂前方的庭院约230米见方，庭院的南、东、西三面分别为宫院南门端门、东门云龙门、西门神虎门，皆为殿堂式宫门。太极殿北侧东西向长廊中间也有三道阁门，以与显阳殿宫院相通。

第四进宫院，即太极殿北侧廊道至永巷之间的显阳殿宫院。显阳殿是皇帝与皇后的寝区主殿，也称为中宫。其位于太极殿正北面中间，也是宫城第二座主殿，两侧还各有三组宫殿及宫院，如东侧有式乾殿和含章殿，西侧有徽音殿等，也都是皇帝寝殿，各殿也都有廊庑围合。该宫院北面紧邻永巷，巷东、巷西分别与宫东门万岁门和宫西门千秋门相通。

（三）宫城北半部寝殿区的布局形制

宫城北半部南北长约610米，东西宽约660米，该区域建筑基址较少，当与此处多为池苑的后宫寝殿区有关，主要是皇太后和嫔妃、皇子、皇女的居所。

核心宫院是位于西南角的西游园，其位于宫西门千秋门内道北，四面以墙垣或廊庑围

[①] 中国社会科学院考古研究所洛阳汉魏城队：《河南洛阳市汉魏故城太极殿遗址的发掘》，《考古》2016年。

合，东西宽约410米，南北长约380米。园内主殿宣光殿是太极殿北面的第三座正殿，即皇太后居住的北宫主殿；宣光殿东面还有晖章殿，西面有明光殿。比较重要的殿台还有建始殿、九龙殿、嘉福殿、陵云台、宣慈观、灵芝钓台等。宫院内还有碧海曲池、灵芝九龙池等大型水池，其中九龙殿前九龙吐水成一海，和嘉福殿都是重要的寝殿，殿台之间皆有飞阁往来。

陵云台是一座著名的高台楼观建筑，位于西游园西北角。夯土台基约25米见方，残高2.5米。台基内有砖砌的圆桶形基址，砖壁内径4.9米，残高3.6米，底部铺砌有向中间泛水池倾斜的铺地砖，砖壁上还残存有原来架构上下两层井字形枋梁的壁槽，是一处储藏冰块的圆形冰井设施。据记载，陵云台始筑于曹魏文帝黄初二年，内有冰井，至北魏仍然沿用，台上有八角井，孝文帝在井北建造有避暑乘凉的殿宇凉风观。根据冰井内两层井字形梁架的结构分析，下层梁架是为了放置一定重量的冰块，而上层梁架则是为了在殿堂内铺设地板，并将井口作成八角形，故也称该冰井为"八角井"。陵云台不仅是一座登高望远的高台，还是一座利用台内冰井储藏冰块向上散发冷气的避暑乘凉楼观建筑。

后记

2023年7月，适逢第二十届中国·内蒙古草原文化节开幕，内蒙古博物院与大同市博物馆、洛阳博物馆、呼伦贝尔历史博物馆，联合举办了"融合之路——拓跋鲜卑迁徙与发展历程"展览。为了进一步解读展览内容，特编写这本书。

在内蒙古博物院这一站的展出，从酝酿、筹备至开幕，经历了近一年的时间，我院对展览结构进行了扩充和调整，增加了拓跋鲜卑在内蒙古地区活动的内容。其间得到了策划展览的大同市博物馆、洛阳博物馆等的大力支持，内蒙古自治区文物考古研究院等区内多家协办单位积极配合，无偿提供了文物展品。我院各部门相互协作，为展览顺利开幕和本书编写打下了坚实的基础，在此一并表示衷心的感谢，此外，还要感谢为此书出版付出辛劳的所有人！

由于时间紧迫，工作量大，书中疏漏和纰缪之处在所难免，敬请广大读者批评指正。

编者

2023年9月